U0744625

·成都风土人文丛书·

彭州泉水

成都市地方志编纂委员会办公室
彭州市地方志编纂委员会办公室　编

黄河出版传媒集团
阳光出版社

图书在版编目（CIP）数据

彭州泉水／成都市地方志编纂委员会办公室，彭州市地方志编纂委员会办公室编． — 银川：阳光出版社，2020.9

（成都风土人文丛书）

ISBN 978-7-5525-5527-1

Ⅰ.①彭… Ⅱ.①成… ②彭… Ⅲ.①泉水—文化—彭州—文集 Ⅳ.①K928.4-53

中国版本图书馆 CIP 数据核字（2020）第 184453 号

彭州泉水
　　　　　　　　　　　　　成都市地方志编纂委员会办公室
　　　　　　　　　　　　　彭州市地方志编纂委员会办公室　编

责任编辑　申　佳
封面设计　圣立文化
责任印制　岳建宁

黄河出版传媒集团
阳 光 出 版 社　出版发行

出 版 人　薛文斌
地　　址　宁夏银川市北京东路 139 号出版大厦（750001）
网　　址　http://www.ygchbs.com
网上书店　http://www.shop129132959.taobao.com
电子信箱　yangguangchubanshe@163.com
邮购电话　0951-5014139
经　　销　全国新华书店
印刷装订　四川西南彩色印务有限公司
印刷委托书号　（宁）0018850

开　　本　700mm×1000mm　1/16
印　　张　17
字　　数　200 千字
版　　次　2020 年 9 月第 1 版
印　　次　2020 年 9 月第 1 次印刷
书　　号　ISBN 978-7-5525-5527-1
定　　价　53.00 元

版权所有 侵权必究

《成都风土人文丛书》题词

◎ 高志刚

风土是一幅古典具象派油画
人文是用精神谱写的乐章
风土人文构成了生动的图画
风土让土地有了地域特色
人文让精神有了地域特色
地域赋予风土人文以生命
流动着地域特色的乐章
与体现地域特色的画面
不正是这个城市的性格吗
在这里，在声与画的交融中
我们可以看到每一个细节
我们可以听到悦耳的音符
我们似乎发现了我们的来历
我们似乎找到了我们的密码
于是有了《成都风土人文丛书》

附:《汉语大词典》关于风土和人文的解释

一、风土

1. 本指一方的气候和土地。

《国语•周语上》:"是日也,瞽帅、音官以(省)风土。廪于籍东南,钟而藏之,而时布之于农。"韦昭注:"风土,以音律省风土,风气和则土气养也。"

2. 泛指风俗习惯和地理环境。

《后汉书•张堪传》:"帝尝召见诸郡计吏,问其风土及前后守令能否。"

3. 被风吹起的尘土。

北魏贾思勰《齐民要术•造神曲并酒等》:"〔全饼曲〕可三日晒,然后细锉,布帊,盛高屋厨上,晒经一日,莫使风土秽污。"

二、人文

1. 指礼乐教化。

《易•贲》:"观乎天文以察时变,观乎人文以化成天下。"孔颖达疏:"言圣人观察人文,则诗书礼乐之谓,当法此教而化成天下也。"

2. 泛指各种文化现象。

孙中山《民权初步自序》:"会此世运进化之时,人文发达之际,犹未能先我东邻而改造一富强之国家者,其故何也?"

3. 人事。指人世间事。

《后汉书•公孙瓒传论》:"舍诸天运,征乎人文,则古之休烈，何远之有！"李贤注："人文犹人事也。"

4．习俗，人情。

郭沫若《我的童年》第一篇："大约就是因为山水比较清秀的原故罢，一般的人文风尚比起邻近的村镇也觉稍有不同。"

由此，特别是从两个词汇的第一条即原始本意解释看，风土侧重外在与客观，人文侧重内在与主观。

2017年9月17日

序

◎ 高志刚

    用泉水把一个城市的人文风土串联起来，这本身就是绝妙的创意。本书记载的这124口泉，仿佛一粒粒珍珠，又像夜空里的繁星，装点着这座城市，美丽了这座城市。这些泉又仿若人身上的穴位一样，每一口泉都在激活人们的生活，让日复一日的单调重复变得充满诗意、充满想象。它似乎是日常忙碌生活的喘息，在这喘息之中留下了来来往往的生活轨迹。正是这些泉，拉近了人们，也拉近了人与自然的距离。泉也因此成了人与人，人与自然，人与自己交流的媒介。

    人们在关注泉的同时，泉也在与人们对话。在静静的心物交流中，前蜀徐太妃写下了"晴日晓升金晃曜，寒泉夜落玉丁当"，把泉水的清冽描摹得绘声绘色；宋代郭印写下了"山寒寐不成，窗外泉鸣玉"，用泉声把山的幽深与宁静刻画出来；宋代和尚子言庵主的"个中无限意，风月一床眠"则充满禅意，让人们有醍醐灌顶之感；明代杨慎有"诸天法鼓云中震，百道飞泉岭外斜"，写出了丹景山泉的宏大声势与浩瀚气势；而清代蔡曾源的"芳草生春看荟蔚，飞泉终日听潺缓"则写出了罗汉洞泉的宁静；清代才子李调元写下了"闻道清凉无暑气，可能借我避炎天""不知瀑布何方响，但觉飞泉乱扑衣""至今蔼瑣丁东水，疑是韦皋富贵泉"，借写泉，发泄他不得志的愤懑。

但泉终究是人们生活的一部分。嘉庆光绪年间的《彭县志》记载了很多泉，这些泉的农业灌溉功能是第一位的。比如，光绪《彭县志》中说彭县农田"资泉流灌溉者十四五"，这是彭州泉水在古代最重要的作用。对于老百姓而言，泉水就是拿来用的，名字和实用结合起来又好记就行。只要看看这124口泉中相当一部分的泉名就知道了，如红鱼仙泉、白果泉、稀饭泉、猫猫泉、麻柳树泉、米沟堰、乌木泉、桂花井、螃蟹仙泉等。人们从这些与日常生活密切相关的泉水中获取资源，善加利用，培育出著名的九尺板鸭、军屯锅盔、堋口茶以及驰名中外的天彭牡丹。从中我们既看到了老百姓的朴实又看到了他们的智慧。泉在这里仿佛成为能够带来一切的源泉，取之不尽，用之不竭。

但也必须看到，在古代，当泉水成为人们必不可少的资源时，所产生的价值大大增加了，泉水成为生产资料，泉就变成了权力的角斗场，不再是自然的一部分，而成为权力的一部分。泉变为权，进一步促进社会生活的变化以及习俗的逐渐形成。汉景帝和汉武帝的甘泉宫上演了很多宫斗。在那里，明争暗斗，枕头风就可能改变皇后与皇子的命运。本书中，蒲江郡主死后蜀王不也把一口泉命名为御封井吗？再比如富贵泉，虽然是因韦皋而得名，但本质上是祈求富贵、向往权力。另外一个特点就是泉与宗教的关系，进而影响到老百姓的生活与信仰。彭州被誉为佛教圣地、道教中心，"寺观特盛"，基本上有寺观的地方就有泉水，或者反过来讲，泉成为寺观得以发展的前提，泉也成为信徒们感悟生命真谛的载体。或许正是从泉水的清冽与无私，从泉水的默默无语与通透，他们一下子体悟到了"道"的喜悦，就好像悟达国师知玄一样，从泉水的叮咚之声中参透个中玄机，写下了影响深远的《慈悲三昧水忏》。

除了权力和宗教，围绕泉的故事更多的是朴素的亲情与感恩，比如干儿子泉，就是当地村民为了纪念懂得报恩的干儿子而命名的；又如李思岗泉，就是为了纪念孝顺父母的女儿李思而取的；后来还有谢恩泉、卿大娘泉等，都体现了彭州老百姓深藏于心的知恩图报的价值取向。这样的价值取向在"5·12"汶川特大地震后体现得更加充分。这是一片懂得人间真情的土地，这是一方善良感恩的土地。

每一个地方的名泉几乎总和名人传说分不开。像趵突泉，著名宋代女词人李清照故居的漱玉泉就是趵突泉群中水位最高的泉池。郭沫若先生为她题写了著名的对联"大明湖畔趵突泉边故居在垂杨深处，漱玉集中金石录里文采有后主遗风"。彭州的泉水同样孕育出不少名人故事，洗肠池就与晋代龟兹高僧佛图澄的传说有关。清代著名的大学者吕调阳生长于檀木泉边。他勤奋好学、聪颖异常、知识渊博、精通经史，他主纂的《彭县志》为后人所称道，他还是四川第一位研究古文字和青铜器铭文的人。清末的牟联城生长在军乐黑龙泉边。他一边教书一边读书应试，考取秀才后决意专心教书育人，终成一代名师。他门下出了一个进士、四个秀才，对四川文化做出了很大贡献。

这些故事让人感动，让人唏嘘，让人为伟大的生命赞叹！泉不再仅仅是泉，而成为融入生活的血液，承载着人们的喜怒哀乐，体现着一个城市、一个地区的风土人文。《彭州泉水》就是这样一本书，把那些因泉而产生的美妙的一段段故事、一篇篇诗文、一个个民俗集合起来，告诉我们美丽彭州是如何美丽起来的，"天帝会昌之国，英灵秀出之乡"是如何产生的。泉让我们认识了一个富有诗情画意与深厚历史底蕴的别样彭州，让我们更加热爱这座富有魅力的城市！

是为序。

概　述

◎ 江忠俊

　　今彭州的第一个行政区名叫繁县，那是在公元前285年，距今已有两千三百多年。繁，本指多、盛，又引为马颈下的革带装饰，丝带下垂繁多，用以比喻繁县地水资源丰盛，故《华阳国志·蜀志》载："繁县郡北九十里，有泉水稻田。"何谓"泉"？几千年前《尔雅》训为"水源曰泉"。任乃强老先生释为"自流灌溉之稻田，文翁所穿渠也"。"文翁所穿渠"即西汉时蜀太守文翁在繁县湔江堰南水口所开的青白江。沿九陇丘陵南流的青白江和沿山地东流的鸭子河、顺地势东南流的弥牟濛河。沿各河所开之渠却也是如繁缨飘逸之势，这里也包含了众多的自流泉水，故"蜀人称郫繁曰膏腴"（《华阳国志·蜀志》）。秦在平定蜀侯叛乱后，便取消蜀人自治，开始推行郡县制，据其地理特征，将古蜀国曾经统治的这个地方命名为繁县。

　　繁县水利发达、泉水众多，与其天文、地理有着密切的关系。从天文上说，繁县属"岷山之精，上为井络"。"井"指二十八宿中的井星，即《星经》所言之"朱雀七宿之首"的井星，司马迁《天官书》释为"东井为水事"。井络者，谓井上汲绠，意谓天井水随络吸取（《华阳国志校补图注》）。又唐人所辑《甘石星经》言："天泉，主溉灌沟渠之事。"故地属"岷山之精"的繁县泉源深盛。从地理上而言，繁县地势是典型的西北高、东南低，由西北的高山逐渐过渡为丘陵、平原，故地形上山、丘、坝皆备。而地貌则属于典型的岩溶地貌，多奇特的露头溶洞和地下河。再则，在大炼钢铁、毁林造地之前，茂密的山林植被滋生蓄养了丰富的地表水和地下水资源，随着人口的增长、生产力的发展，湔江也由"从昌意到汴宋止分三水"的历史状况逐渐变成分四水、六河、九河，但仍然存在"邑田堰水不足资"的状况，特别是离湔江堰较远的东南田地。泉水也由天然泉发展到人工开凿以满足生产、生活的需要，形成了众多山丘的流泉飞瀑、平原的自流泉和车汲提灌之泉。据史籍、方志所载，初步统计彭州有名字的泉水就有两百多眼，在农业灌溉水利中的比例占到了十之四五，故《志》言："彭民所利曰湔堰、曰泉水。"泉，深刻地影响着彭州的政治、生活、宗教……几千年来彭州积淀形成了丰富多彩的泉水文化。

以泉命名的行政区域

彭州第一个县级行政区域因水而得名后，彭州行政区域的名称就与水结下了不解之缘，其中尤以以泉命名的行政区域最多。比如丽春的涌泉村，敖平的中泉村、下泉村，楠杨的清泉村，军屯的黑龙村，隆丰的大泉村，三界的泉水村、凌泉村，万年的涌泉村，红岩的桂井村，西郊的白马村、檀木村，致和的梅花村、观泉村、清泉村、高泉村、龙泉村，升平的上泉村、玉泉村、双泉村，竹瓦的白泉村……这是村级行政区，彭州还有一个乡镇级的行政区域也是以泉命名的，它就是小鱼洞镇。小鱼洞是鱼凫部落联盟停留海窝子时的渔猎地之一，小鱼洞镇就是为纪念其居于松茂时供他们捕鱼的大、小鱼洞而命名的。小鱼洞是典型的岩溶地貌，是露头的地下河，其源头为琅岐山所集之水。之所以把它归为泉，是因为它空中深邃，流消不竭，而其源流又无河道可现，为湔江之一源。看来《尔雅》"水源曰泉"之释是对的。

在彭州历史上，还有以泉命名的县级行政区——泉县。泉县又有陇泉县之名。东晋以来，北方战乱频仍，民不聊生，人民多迁避南方，统治者为保护北方士族集团的利益，遂设侨置州郡。今彭州设侨置郡县始于刘宋时期。元嘉十二年（435），九陇地区设置南晋寿郡，关口置晋寿县作为郡治，领五县。肖齐代宋后，郡名治地不变，领三县，泉县仍设。历肖梁、西魏至北周，省梁所设的东益州保留，西魏时改北魏天水郡之九陇郡，辖三县，其一为陇泉县。陇泉县就是前所言的泉县，其由来、位置比泉县更为明确。地志云："西北二十五里九陇东麓，沿山麓，出泉隋之陇泉县因之得名。"此处言"隋之"是隋灭北周后九陇郡仍置，至文帝仁寿二年（602）改九陇郡置濛州时才省入九陇县，去北周灭已二十余年。北周的陇泉县已非侨置之县，而是国之一县级行政区域，同时与九陇郡之九陇县、青阳县三分其地，之所以如此乃得益于泉水河。西汉文翁穿湔腴口后，青白江水东可资平原田地之用，西可以筒车之功溉丘陵之地。随着人口的增长，所垦之地愈多，用水之量愈大，智慧的劳动人民就利用九陇山丰富的泉水沿九陇之东麓、青白江之西岸又开凿了一条河，名泉水。考之史籍，查之图籍，泉水河之发端是九陇山之马槽沟和石桥沟，接纳丹景山至德山的三昧泉等泉水和沟壑之流，出山后沿九陇东麓沿途接纳响水洞、毛狗洞等泉水浩浩南流，其不仅弥补了青白江水源的不足，而且所经之处"终岁可转碾"。面对如此土田肥沃、灌溉便利的富庶之地，北周在557年取代西魏后，于明帝武成二年（560）徙九陇县于繁县故城（因北周设新繁县，治地迁）即今天彭镇为郡治，而建立陇泉县。泉水河在清末时，仍可灌彭县境田八千亩且益遗他县——灌崇宁县田两千亩。泉县（陇泉县）这个历史上以泉水冠名的县级行政区从刘宋于435年设立，到602年隋朝省并，已有167年的历史。

通济镇春芽泉

泉水和宗教

宗教在彭州历史上占有非常重要的地位。彭州被誉为佛教圣地，道教中心，"寺观特盛"（《蜀中名胜记》），故寺观从一开始就和彭州的泉水结下了不解之缘：有寺观的地方就有泉水。如壁山寺（庙）有泉七眼，称之为七星聚；龙吟寺又名圣井院，有井与塔底井泉相通；贤德寺有月儿泉、相公泉、黑龙泉；天台寺有龙池；大隋寺有井泉，传为神照禅师卓锡而成；三昧水寺有三昧水泉；白鹿寺有洗肠池，胜井院有宝珠井；楼子寺有龙王泉；三教庵有庙子泉、白鹤泉、沈家泉；燃灯庵有白龙泉、乌龙泉、双龙泉；老马寺有青泉；香水寺有熊家泉；紫微寺有穆家泉、腰子泉、大泉塘、泡泡泉、夜合泉；何公庙有王家泉和四口无名泉；叶坝庙有盈科泉、翻山堰泉；唐家庵有新泉；石佛寺有石岩泉、七星泉；黄鹤寺有涌泉二；白云寺有井泉之眼，名观音井；大宝院有三合泉等。这其中泉眼最多的当数广兴寺的安乐泉，泉眼数十处。更为奇特的还是化成院，传说因汉之翁开湔堰时曾视察此地，遂改寺名为化成院。此寺又名涌泉院，有文家泉、大泉、新泉、东狱泉、贺家泉、梅子泉、矮子井、涌泉、沈家泉、阴泉、响水洞、尹家泉、半偏泉、小泉、筲箕泉等。此寺院情景不能不使人将其与大力倡教、兴修水利的蜀太守联系起来而陡生遐想。

不仅寺院多泉，而且其中还有不少以泉水冠名，比如玉泉寺因有玉泉而得名；清泉寺因有清泉四眼而得名；玉皇观因有玉皇泉而得名，又有龙窝泉；观音寺因有观音泉而得名，又有九龙泉；三泉寺因有上泉、中泉、下泉三泉而得名；寂光寺因有大、小两口寂光泉而得名，还有熊家泉；香水寺（今军乐境）因有香水井而得名；天池寺因有天池而得名；古佛庵因有古佛泉而得名等等。

因泉水和宗教的密切联系，更引申出许多神奇美妙的佳话。洗肠池在白鹿寺，是洋和尚、梁武帝国师——佛图澄的修行处。传说佛图澄斋后把肠子拉出来在泉水里洗涤，这是释话，就连捐俸大修寺庙的成都知府冀应熊也发"试问图澄肠似雪，何须衣里探明珠"的质疑。实质是和夫子"一日三省"思想息息相通的。三昧泉——悟达国师洗人面疮而著佛家经典《慈悲三昧水忏》，故事宣扬佛教乘时获报、因果无爽、忏磨身口意十恶之罪业。其实这也体现了中国儒家倡导的"恕"的思想，也是在中国百姓心中根深蒂固、代代相传的"冤家宜解不宜结"的传统。

天池泉在天池寺，原本无泉，和尚饮食都要靠下山在湔江取水维持，得来实为辛苦。一日取水返寺的沙弥途遇一游方和尚讨水，把所取之水一饮而尽，沙弥连声叫苦："这我如何交代？"游方僧劝慰道："莫怕，莫怕，带我去见你家住持，一切由我担待。"游方僧进寺对住持说："小师弟心善，此寺之饮水之难皆由贫僧负责，明日天明自有泉生。"果然，翌日寺后一汪清泉赫然在目。于是寺以泉名取名天池寺。当然还生有诸如湔江龙王通池之类的传说，这都是宣扬佛家行善福报之义，且和中国传统的助危解难、积德行善的道德规范也相一致。

富贵泉，又称叮咚水，在道教上八治之五的葛贵治所在地葛仙山上。据《道教灵验记》载："此宫之西，过崖磴十五步，巨石下有叮咚水，出于崖腹，滴入洼石窍中，积雨不加，久旱不竭。""叮咚"乃取水滴石泉之天籁之音为泉名。又何名"富贵"呢？这就和晚唐名臣、与四川与彭州有密切关系的西川节度使、检校太尉、南康郡王韦皋分不开了。李唐以老子为祖，道教盛行，王公贵族多崇信。韦皋年轻时曾游西川，因其才华做了节度使张延赏的上门女婿。韦皋为丁卯年出生，按道籍《洞天福地岳渎名山记》《道教灵验记》谓天下诸治领世人名籍，葛贵治：己卯、丁卯、辛卯、癸卯人属，韦皋本命丁卯，属葛贵治。于是便生出了仙人给尚在放浪形骸、呼朋唤友中的韦皋托梦说："我乃葛贵化仙人，你名系葛贵，富贵将至，食禄全蜀。愿当勤勉行事。苟富贵，勿相忘。"韦皋后来果然奋发图强，历军事判宫、防御使、节度使，授检校右仆射。后又任西川节度使，治理蜀地二十一年，蜀富库盈、兵强边安，创下了有唐一代任节度使最长的纪录。此乃贤妻鼓励、自身才华、奋发图强和家庭背景所致，非仙人也。名人嘛都想拉归本教以光大教门，佛教还创出了韦皋尚出生三日，就有高僧至家参加"洗三"仪式并与皋交流，还对家人预言了韦皋前途的故事。就事而论，道家所言为仙话，佛家所言为释话。而韦皋在治蜀二十一年中，对道佛的贡献还真不少，著名的乐山大佛就是韦皋毕其役最后建成的。对道教的二十四化普行斋醮（参见《北梦琐

升平镇猫耳泉

莲泉村双泉

言》《蜀藻幽胜录》）对名所寄的葛贵化所付出的更是巨大。据《云
及七签》载，韦皋大修葛贵化"命工度木，撰日修崇，作南宫飞阁
四十间，巨殿、修廊、重门、遂宇，艺金刻石，知无不为；支九陇县
租赋于山下，阿屯输贮，糇粮山积；匠石云起，自制碑利于洞之则，
上构层楼，拣选僰僮七十人，以供洒扫；良田五百亩以赡斋储"。于
是道家便将道观下的叮咚水冠名为"富贵泉"了。到了清代李调元游
葛仙山时，还留下了"至今葛贵叮咚水，疑是韦皋富贵泉"的诗句。

美文流韵中的泉水

彭州乃井络交会、岷隅控带之地，天帝会昌之国，英灵秀出之
乡。奇特的山水风光、丰富的人文历史吸引着多少文人墨客、禅师
道士趋之若鹜，留下多少歌咏的诗文，其中就有不少涉及流泉飞瀑
的文字。初唐四杰之首王勃："香城宝地，左右林泉；碧岫丹岑，

往来烟雨。""括囊泉石，韬迹烟霞。""延绿房于叠巘，上拂霞庄；蔓丹阙于重溪，下披泉户。""天花照而高月落，地籁惊而幽泉涌。""鹤林圣迹，龙泉佛影。"（《九陇县龙怀寺碑》）高适："门前种柳深成巷，野谷流泉添入池。岩际窟中藏鼹鼠，潭边竹里隐鸬鹚。"（《寄宿田家》）五代徐太后："晴日晓升金晃耀，寒泉庭落玉丁当。"（《丹景山至德寺》）徐太妃："军持无水注寒碧，兰若有花开晚红。"（《和题丹景山至德寺》）杜光庭："烟锁翠岚迷旧隐，池凝寒镜贮秋光。"（《题仙居观》）贯休："层层皆有瀑，一一合吾吾。"（《寒望九峰作》）宋郭印："山寒寐不成，窗外泉鸣玉。"（《游大隋山》）王灼："丛木开锦帐，飞泉鸣玉琴。"（《游大隋山》）李石《三昧泉》："乳崖霜雪根，金地白莲蕊。泉上碧眼师，秋月照清沚。玉盎开明镜，肝胆两冤鬼。若为人面创，如以佛手洗。遂解七国仇，化为三昧水。"李石，宋资州人，太学博士，宋高宗贬成都府学官，其品学吸引闽越之士不远万里，西来成都求学，后人誉为"一代名师，弟子三千"。曾做彭州通判，关心民间疾苦，勤政爱民，上诗就是在彭州"溪水不流牛缺饮，连枷未动妻典襦。布谷催耕鸠妇怨，早得一雨淋汝面"遭受春旱的困境，到三昧泉祷雨时所写。陆游在蜀中与之交为好友，阔别二十年后在《感旧》诗中评价"资中名士有李石……生前何曾一钱值，没后遗文值金璧"。

明智伫子偈："一击石庵全，纵横得自然。清凉无署气，涓洁有甘泉。宽廓含沙界，寂寥绝众缘。个中无限意，风月一床眠。"这是禅师智伫子于大隋得石头和尚开悟后归隐土溪，于山崖上开石为屋，得一山泉后高兴之余所做。其于此参禅传教三十年，功德完满，后人便把这里称为罗汉洞。智伫子的事迹被写入明《高僧传》，罗汉洞也因之而名传古今，引得游人向往。如杨慎："岚岑瀑布斜拖练，碧水连云细点衣。"（《两游丹景山》）陈于陛："上衣烟雾行犹湿，倒槛星辰坐欲摩。"（《游金城山》）冀应熊："山色四

围涂翠壑，泉声一派漱冰壶。"（《游白鹿寺赠淡竹和尚》）彭以

懋："平畴十里云千岭，翠竹万竿月一池。"（《新居》）"溪与池

争月，云将岭接天。"（《秋夜散步》）李调元："四里坡而下，

有洞泉淙淙。"（《小鱼洞》）"不知瀑布何方响，但觉飞泉乱扑

衣。"（《游丹景山用杨开庵韵赠圆密大师》）"西北天屏是此州，

峭青危碧吐灵湫。"（《望雪楼》）；"大隋山头景德寺，神照禅师

锡所投。龙井至今犹作幻，满山生竹尽龙头。"（《大隋山》）"一

泓水溅珠如滴，三昧泉盈斗可储。"（《至德山三昧水》）"石如蹲

兽凿为屋，泉向智佗环作渊。闻道清凉无暑气，可能借我避炎天。"

（《土溪》）。

目 录

附　录

第一辑

泉水故事

九尺镇 **九龙泉**

　　嘉庆《彭县志》卷九记载："九龙泉在县南，泉阔一亩。"九龙泉位于九尺镇天宝村四组，地处九尺镇西北。周边竹林清幽，泉水清澈，长年不断流。《九尺镇志》记载："乾隆三十四年，流注蔓延，清澈见底，有漾洄九区之势，四时不竭，灌田百余亩。"

九龙泉

关于九龙泉，民间有这样的传说。清代初年，有一户人家，插田占地于九尺铺，引来黄土河的水浇灌田地，一家人辛勤耕种，生活尚能自给自足。有一年春夏之交，久旱无雨，黄土河河水断流。眼看几十亩水田栽不了秧，这家人急得挖地三尺四处找水，忙碌好几天一滴水也没有找到。

有一天晚上，这家的男主人梦见迎面走来一个白发老者，托梦要他帮忙照看自己的孩子。男子爽快地答应了。白发老者临走时告诉男子去哪里可以找到水。

男子按照梦里白发老者的指引，在自家水田北边一块乱石荒坡挖地五尺，果然有泉水冒出来。男子接连挖了九天，挖出九个冒水的泉眼，每个泉眼都有一条金色的小鲤鱼随泉水涌出来。男子将九个泉眼连接起来成为一条水渠，灌溉自己家的几十亩田地。多余的水引流到周围乡亲们的田地里，整个村子干裂的田地得救了。为了报答梦中的老者，男子在泉眼边搭了一个草房子，日夜守护白发老者托付他照看的那几尾金色小鲤鱼。一天下午，电闪雷鸣，大雨倾盆，山洪暴发，门前泉凼向东南方冲天而起九股水柱，九尾金色小鲤鱼随着水柱而去。这天夜里，这家男主人又做了一个梦，梦见白发老者化身为龙，老者托他照看了三个月的金色小鲤鱼也化身为金色的小龙飞走了。

九尺镇 观音泉

观音泉

九尺镇上场有一眼泉水，名观音泉。泉眼周围竹林生长，竹林外边是农田。据当地老年人回忆，观音泉旁边原先有一座三重大殿的寺院，名叫观音禅院，当地人习惯称之为观音庙。

传说观音庙旁原先住着一户人家，男主人勤劳能干，女主人心地善良，他们的生活简单踏实。没料想家里的顶梁柱男主人突然得了怪病，腹痛难忍，求遍当地名医都不见好转。求医无门，女主人来到观音庙点燃香烛，祈求观音保佑她丈夫康复。当天晚上，观音托梦，让她每天盛一碗观音庙旁边的泉水给她丈夫喝。喝了一段时间，丈夫的病竟不治而愈。女主人感恩观音眷顾，拿出家里的积蓄，加上乡邻的捐助，修缮观音庙。

观音泉是观音菩萨点化过的泉水，能治百病。这一传说不胫而走，方圆几十里都有人赶来喝观音泉的水。有人用泉水洗疮毒，有人取泉水回家煎药。来的人多了，附近观音庙的香火也旺了起来。时过境迁，观音庙早已不见踪影，只剩下观音泉一如既往地滋养着这一方水土。

如今，观音泉泉眼四周柳树环绕，水中藻荇交横，随泉水四散开，鱼虾隐约可见。泉水南流，草坪高低起伏的尽头，有一石桥静卧在溪流上，名叫长板桥。长板桥不长，也不宽阔，但因有观音泉，在九尺镇也小有名声。

石家泉

九尺镇

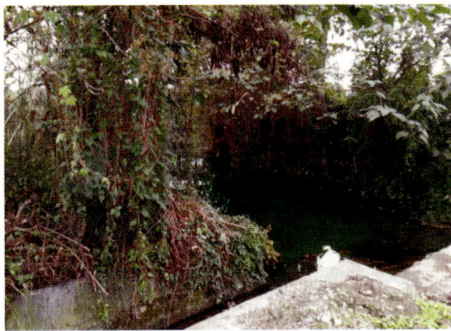

石家泉

从九清路口出发，穿八号渠，过"乌烧岭"，前行约两百米，右转沿小溪西行数百步，地处九尺镇金鼓村二组的千年古泉——石家泉便到了。泉埂上两棵高大挺拔的古树映入眼帘，一片翠竹点缀其间。夕阳西下时，泉水深不见底，水色如黛。据当地老人讲，石家泉原本叫三眼泉，也称三眼神泉，因泉眼大小相同、呈"品"字形排列、似三只眼睛而得名。每个泉埂上都有一棵模样极似、枝繁叶茂的高大菩提树，俨然似三个孪生兄弟。

三眼泉水质极佳，终年不涸。就是大旱年头，其他地方的人都不分昼夜地忙着车水、修沟、淘堰、抗旱的时候，这里的人只需锄头一动，三眼泉的水便流进了他们需要灌溉的田间地头。

据当地人说，有一年夏天发大水，洪水冲过三眼泉，不仅冲毁了庄稼，而且三眼泉也被泥沙掩埋。一位姓石的老爷子费尽千辛万苦掏开淤泥找到一个个泉眼，挥动锄头将三个泉眼挖成一个巨大的泉凼。为了铭记石老爷子的功劳，后人将这口泉又称为石家泉。

徐家堰

九尺镇

徐家堰地处九尺镇金鼓村，已有两三百年的历史。在翠竹丛掩映中，清泉汩汩，形成一个深约两米、面积达三十平方米的泉凼。泉水随着沟渠缓缓流出，滋养着周边千亩良田。

提起开挖徐家堰的往事，当地有这样的传说。书经台（现致和镇的明台村）从前住着几十户姓徐的人家，徐氏家族有两三百亩肥沃

徐家堰

土地，但灌溉十分困难，庄稼只能广种薄收。后来徐氏族长得高人指点，率族人在石灰洞子下开凿泉堰，打算利用拦河堰引水灌田。挖了近一个月仍不见泉水。一天来了一个和尚，和尚化缘的东西十分古怪，每人给他八合米。族长便问："师父，你看我们挖的泉多久才能出水啊？"和尚双眼微闭，喃喃自语："七七四十九，泉水胜过酒。"

挖到第四十八天的时候，果然有水从一个筛子大的石头四周缓缓流出，大家反复观察，发现石头下有泉眼，只要把这块石头挪开，泉水就会更大。可任凭如何使劲，石头就像长了根一样纹丝不动。累得筋疲力尽的人们只好偃旗息鼓，鸣金收兵。第二天卯时，正在熟睡的人们突然听到泉眼处有声响，有人轻手轻脚地过去查看，只见泉眼处有一个人正在搬那块石头，仔细一瞧，正是前段时间来化缘的和尚。担心和尚出事，族长叫来族人帮忙，众人还没走近，就传来一声巨响，冒出一股青烟，和尚和那块石头都没了踪影。只见一股股清澈的泉水不断涌出，不一会儿工夫，泉水就顺着堰沟哗哗流淌。这天正好是开工的第四十九天。因为是徐氏家族挖出来的泉，所以当地人称之为徐家堰。

干儿子泉

九尺镇

干儿子泉位于九尺镇高林村。泉水清澈，一年四季流水不断。

这眼泉的历史据说可以追溯到明末清初，当时高林村还叫高林子。在高林子有一户陈姓财主，有良田两百余亩，生活富裕，乐善好施，但人到中年仍膝下无子。财主家有一个年轻的长工，他父母双亡，财主夫妻见小伙子容貌清秀，又吃苦耐劳，便将他收养为干儿子，一家人过着幸福美满

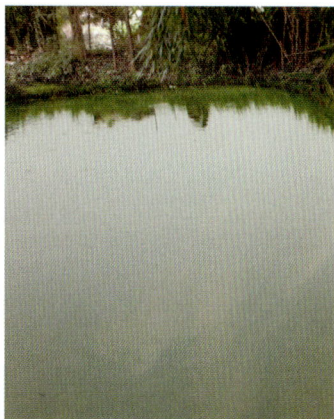

干儿子泉

的日子。有一年天遇罕见的大旱，连续几个月滴雨未下，土地龟裂，种下的庄稼眼看就会颗粒无收。财主每天对着庄稼愁眉不展，忧郁成疾病倒在床。干儿子看在眼里，急在心里，思量着若是能挖一个泉凼出来，就能缓解旱情，解干爹的心头大疾。于是小伙子请来先生，寻找到一个可能有泉水的地方，连续挖了七天七夜。终于功夫不负有心人，一股清澈的泉水从地下涌出来，干旱的庄稼得救了。当地村民为了纪念懂得报恩的干儿子，便把这个泉凼叫作干儿子泉，又因这个泉凼地属陈家，所以又名陈家泉。

九尺镇 | **老泉凼**

老泉凼

　　说起九尺镇高林村的老泉凼，附近居住过的人都念念不忘。老泉凼水深数米，泉眼众多，泉水涌流，终年不干。捧一捧泉水，喝到嘴里清凉甘甜，无论用来煮饭、炖汤、泡茶，生活清澈甘醇的滋味都在其中。

　　老泉凼的泉水冬暖夏凉，哪怕是三伏天，年轻力壮的人泡到泉水里，不出半个小时就会冻得直打冷战。倘若你静静地坐在老泉凼旁边，扑面而来的凉气会慢慢将你罩住，让你远离暑热的烦扰，进入惬意的清凉世界。

九尺镇

鹿鹤堰

鹿鹤堰

鹿鹤堰地处九尺镇鹿鹤村与升平镇交界处。这个堰塘最初开挖的历史可以追溯到清朝初年。当时彭州平坝一带人烟稀少，附近濛阳河等溪流到夏秋涨水时肆意纵横。随着时间的推移，湖广填四川的移民来到这里，他们掘井得泉，开荒种地。传说在一次清理淤塞泉眼的时候，在泉眼旁边挖到一个笨重的石碑，上面刻着"六合堰"三个行书大字，清理出的泉眼，水流巨大，可灌溉下游数百亩土地。

为了更好地利用泉水，六合堰选举出德高望重的乡绅为首事。每年冬季，由首事通知下游受益的农户分摊一年维修河堰所需的钱粮和人工。若因故不能出工，就缴纳一定量的岁修钱代替。在出工的时候，首事派人传锣，边敲锣边高声通知农户出工修堰。春末夏初，大家需要用水的时候，再由首事根据各家田亩的多少和田地的远近，确定用水时间。各家按时间到堰头和分水渠分水，秩序井然，保证附近各家各户的田地都得到灌溉。

民间常用鹿代表禄位，是吉祥之物。鹤是长寿的象征。在彭州口音中，"六合"二字和"鹿鹤"读音相同，加之年代久远，原石碑不知所终，人们口耳相传，称这条泉堰为鹿鹤堰，其所在的村也称之为鹿鹤村。

红鱼仙泉

九尺镇

红鱼仙泉位于九尺镇天宝村，至少有两百年历史。新中国成立前，因其邻近院落居住着张、庄、柳、王四户人家而称为张庄柳王泉，又因张家家族较大、人数较多，简称为张家泉。该泉泉眼较多，水量较大，水色清亮，水质优良。当地老人讲，红鱼仙泉鼎盛时期深达四五米，泉边架设两个水车，一个大的用牛拉车水，一个小的用脚踩车水，还修建了车水房。东边、南边各有一条沟渠联通下游。多少年来，该泉不仅是张、庄、柳、王四大家族的饮用水源，而且是盛夏酷暑时节周边人们纳凉的避暑圣地，更是下游群众种植、生产不可或缺的灌溉水源，可谓是"生命之泉"。

关于红鱼仙泉这个名称的由来，当地有个传说。某年夏天的一个上午，张姓人家一个年仅四五岁的小男孩趁大人不注意，独自一人溜到泉边玩耍，不慎滑入几米深的泉凼里。左邻右舍听到哭喊声，赶紧跑过来，看见小男孩两手紧紧抓住泉凼边的几根牛筋草。大人们把小男孩拉上岸，追问小男孩究竟怎么回事。小男孩怯生生地说："我在泉凼边玩，一下就滚到泉凼里头去了，呛到了水，一条好大的红鱼游过来，使劲把我拱到边边上，我抓到草草就不呛水了！"大人们听了，都觉得神奇又不可思议。

从那以后，泉凼里红鱼竟越来越多，虽然人们没有亲眼看到获救小男孩所说的"好大的红鱼"，但附近的村民再也不钓、不抓、不吃红鱼，还把这眼泉亲切地称为红鱼仙泉。

九尺镇 **四龙堰**

　　四龙堰位于九尺镇鹿鹤村。

　　相传，有一年大旱，眼看就要饿殍满地了。居于现九尺镇玉源村的乡绅张思禄是一个心地非常善良的大地主，他不仅开仓放粮，接济穷人，而且下派其"水利工程师"河长、堰长、塘长等人四处找水。但接连数天，找水无果，眼看存粮越来越少，张思禄急得食不知味、夜不能寐。

四龙堰

　　这天中午，张思禄在太师椅上打了个盹，忽然，天边飘来一个声音，缥缥缈缈的："张先生，本帝听说你在想法救助天下众生，不要急，本帝已派四条天龙下界帮你，而等向西北方向寻水去吧……"张思禄正欲问其具体方位，忽然一惊，醒了。他揉揉眼睛，细细回味，将信将疑，遂把"水利工程师们"召集到大厅，将梦中的情景述说了一番，大家商议半天，决定试一下。

　　数百人分成若干队，浩浩荡荡向西北方向寻去。其中一队由张思禄带领，大约寻了五六里远，忽然看见一个地方芳草萋萋、绿荫连连。"嗯，是个有水的地方。"于是工人们锄头、钉耙、铁钎齐上阵，刚把表土揭开，就有细水渗出，红红的黏土非常漂亮。大家欢呼可能有好水，顿时人声鼎沸、干劲冲天。突然站在岸上的张大地主大喊："快看，快看，那不是四条龙吗？"只见塘内忽隐忽现地有四条红色泥龙，龙头一抬，冒出丈高的水柱，轰声如雷。众人大惊，皆跪地磕头，感谢四龙赐水之恩。从此该堰塘命名为四龙堰。

九尺镇 **乌龟泉**

乌龟泉位于九尺镇天宝村,此泉已有一两百年的历史。该泉因形状似乌龟而得名。该泉冒水量较大,水质优良,可以直接饮用。

新中国成立前后,灌溉渠网薄弱,乌龟泉对人们的生产、生活起着重要的作用。据说,当时该泉深约三四米,占地一百

乌龟泉(天宝村2组)

多平方米,架设有一个牛拉水车和一个人力脚蹬水车,其周边和下游数十亩田地全靠从该泉车水灌溉。在那个肩挑背扛、以步代车的时代,周边的群众步行到九尺铺赶场,都喜欢中途在乌龟泉歇息。

九尺镇 老街子泉

老街子泉位于九尺镇老街旁边的竹林中。这里竹林阴翳，泉水甘冽，是夏天避暑的好地方。这口泉曾经是九尺场镇周边老百姓用于沤制蓝靛的。

九尺镇的得名有多种说法，其中一种就是九尺原名九池，因这里有蓝靛靛池九口。在古代，九尺镇一带的旱地多种蓼蓝，俗称蓝靛或

老街子泉

大青。这种作物的叶子也叫大青叶，是当时人们染蓝布的原料。在多种植物染料中，蓝靛是使用最广的一种。蓝靛色泽浓艳，非常牢固，几千年来一直受到人们的喜爱。种植蓝靛的人家，一般在房前屋后有清洁泉水的地方设计水池，到秋天，将采集回来的蓝靛叶子放入池中，再灌入清泉，这称为沤靛。沤制一定时间，待蓝靛的叶脉脱落，将叶茎捞出，又将沉淀在池里的糊状靛青捞起来，再用簸箕晾晒，晒到大半干就可以卖给染坊用来染蓝布了。

以前濛阳镇周边多种麻，家家户户纺线织布，织好的布在染坊里用九尺出产的蓝靛染布，销路十分好。

九尺镇 青龙堰

青龙堰邻白土河，是一处低洼地。以前这里也是白土河河道，但白土河除了汛期，其他时间水流很小。后来白土河改道，青龙堰的所在地却一年四季泉水不断，为当地老百姓生产、生活提供了方便。

青龙堰泉

在科技不发达的年代，人们以泉水为血脉，泉水出处，就是风水上龙脉冒头的地方。天旱时节，不但河水断流，泉水都有减少或干涸的时候，青龙堰仍然汩汩地冒着清水，当地人便传说这条水脉下面住着一条青龙。于是，人们把这眼泉水称之为青龙堰。

由于人们相信青龙堰下面有龙，所以一到天旱时节，九尺周边的老百姓会习惯性地到青龙堰求雨。

米沟堰
濛阳镇

米沟堰

　　米沟堰，又称大堰滩，位于濛阳镇戊寅村，地处濛阳河南边，流经戊寅村、电光村，枯水期水域面积都在50至150平方米，水深在0.8至1.5米，灌溉近千亩稻田。

　　早年，这里是濛阳河坝。迁居来此的人们开垦田地，为了满足生产和生活的用水需求，根据川西坝子西北高、东南低的地理特点，相隔两里挖掘一道阶梯式自流灌溉泉堰渠，采取拦截自然流水和引取地下水源的方式取水。

　　最初，村民在下游灵官庙附近取水灌溉，由于出水量少，难以满足田地用水需求，导致当地产量低，老百姓生活困苦。1953年，政府组织人员反复实地考查，确认可以在上游找到新的泉眼。当年春季组织人力，经过一个多月的挖掘，挖出了新水源，泉水浇灌下游土地。随着岁月变迁，这里的泉凼绿草如茵。男人们经常来这里捕鱼、捉蟹，女人们背着背篼来这里割草喂猪。

　　新泉灌溉土地，让家家户户都能吃上大米，这眼泉水就被当地人称为米沟堰。后来，为了灌溉更多的土地，又在周围扩大堰滩，成为附近最大的泉凼，所以又被称作大堰滩。

濛阳镇 泉水沟

泉水沟位于濛阳镇电光村。该泉水清澈见底，冬暖夏凉，水草丰茂。

据说，这里原来没有泉凼，当地人要到很远的双石桥附近挑水做饭。甚至稻田灌水，也要等到濛阳河涨水，从低矮的河床里车水灌田，故经常耽误农事，水稻产量也不高。说来也是有缘，当地一个勤劳的人受高人指点，说是在他家附近能找到水源，只要搬开一株皂角树下的大石头，便有泉水涌出。他半信半疑地拿起锄头，来到皂角树下，四处找那个大石头，终于在靠南边的地方，一锄头向下挖到了石头。他急忙找来乡亲帮忙，一起搬开大石头，看见下面真的有一汪清泉，捧一口品尝，居然还甜丝丝的，让人心旷神怡。挖得越深，泉水越多，众人急忙开挖新沟，让泉水流进稻田。

让当地人感到奇怪的是，这个泉水灌溉的稻田，当年产量提高了，而且粮食的味道也有着几分甘甜。由于这是找到泉水后开挖的一条新沟，人们就把这里叫作泉水沟。

李毛堰

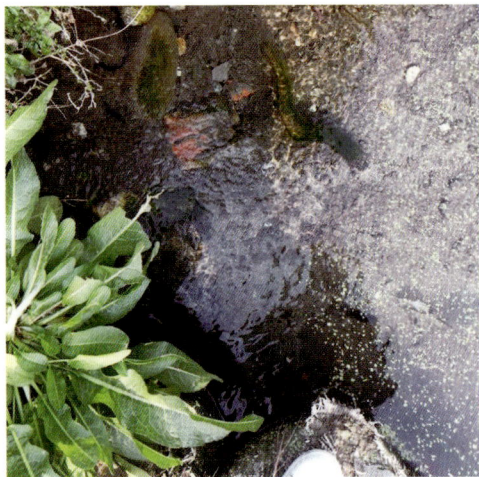

李毛堰

李毛堰，又叫野猫堰，位于濛阳镇白土河村蔬香大道路旁。李毛堰占地0.8亩，有多个泉眼，涌出来的泉水清澈见底，水质非常好，可直接饮用。附近很多村民从那里挑水回家煮饭，干农活累了直接到李毛堰里舀水喝。李毛堰的水冬天喝起来是暖的，夏天喝起来是凉的。

据说清代同治年间，这里有两家大户，一家姓李，一家姓毛。两家人经营着周边的田地，佃户租地很少，最主要的原因是没有水，无法灌溉。为了让更多的人来租地，两家人商量一起出钱找水源。工人们昼夜不停地寻找，终于挖到了泉眼，改变了无水灌溉的历史。因为出钱的人一家姓李、一家姓毛，故名李毛堰，表示这个泉在当时是属于他们两家的。

那为什么又叫野猫堰呢？1949年新中国成立后，翻身农民做了土地的主人，李毛堰也变成大家共同所有，大家都可以用里面的水灌溉庄稼。一年夏天，一个农户灌溉庄稼的时候，突然从李毛堰里跑出来一只猫，把这个农户吓了一跳。农户大叫了一声："野猫！"从此，当地人又把李毛堰叫成野猫堰。

眼镜泉

濛阳镇

在濛阳镇彩林村，有两个泉凼分别位于一个田埂的两边，远看就像人戴的眼镜，眼镜泉因此而得名。现在一处泉凼已被填成农田，剩下一处泉泉眼仅0.5平方米大。

关于眼镜泉的由来，有不同的传说。有一个传说是这样的：很久以前，这一带连年干旱缺水，寸草难生。人们为了生存，便祈祷观音菩萨能显灵赐水，拯救这方百姓。

说来也奇怪，观音竟然托梦说，有龙出现的地方，就有水源。人们便开始寻找水源。后来发现这里有一条土埂，形似一条巨大的龙。这条长龙东西横卧，西起关口牛心山，东至广汉连山。于是当地人就在"龙身"上寻找泉眼，功夫不负有心人，终于在土埂两侧分别挖出了泉水。泉水汩汩而出，灌溉了干旱的农田，农民从此过上了丰衣足食的日子。

当地人认为这水是观音菩萨送来的，就把这两眼泉水叫作菩萨泉。后来，周围的乡里陆续找到了新水源，都说自己家附近的泉水是观音送来的，纷纷把自家附近的泉水称为菩萨泉。有个知书达理的秀才来到这里，看见田埂两端有两个对称的泉眼，酷似一副眼镜，眼镜泉就这样被叫开了。

濛阳镇 白果堰

白果堰位于濛阳镇双林村，水域面积二十平方米，水深一米左右。

很久以前，这里有一户人家，喜欢在院子周围栽种银杏树。春天叶子萌发，好像一把把清秀的小扇子；秋来落叶，又像铺了一地黄金。树枝上银白色的果子落在地上，人们叫它白果。说来也让周围的人羡慕，这家人的两个儿子很会读书，在外地做了官，便把父母接去养老。人们才发现，他家有一眼井，里面的井水甘甜可口，大伙儿都来这里提水煮饭。井眼太小，人们逐步挖大了井眼，这水不仅可以喝，而且能灌溉田地。为了纪念挖泉的那家人，周围的乡亲把这眼泉叫作白果泉。白果泉至今泉水汩汩、长流不息，夏天来这里戏水的人很多。

白果堰

濛阳镇 龙 窝

　　龙窝位于濛阳镇彩林村，此泉函以前深约两米，水流量极大，主要用于附近百姓灌溉以及生活用水。

　　据说，原来这里有一座不大的龙王庙，还有一个石碑，上面记叙了发现这个泉眼的传说。这一带原本是一个年年丰收的地方，但后来每年都会被洪水淹没。有一天，一个神仙路过，他见人们生活清苦，便四处查看，发现龙王的十三太子在此闲耍，动作大了，便会让周边百姓遭受洪水淹没之苦。这位神仙菩萨心肠，便在泉眼那里贴了一张符，让十三太子在夏秋时不能作乱。后人为纪念这个神仙，在他贴符的地方立了一个碑，还建造了一座龙王庙，年年祈祷十三太子不要出来作乱。从此，这里的百姓过上了好日子。人们便把十三太子玩耍的泉称为龙窝。

濛阳镇 天林寺泉

天林寺泉，又叫天灵寺泉，位于濛阳镇彩林村。

这里原来有一座寺庙，叫天灵寺，始建于清朝同治年间。寺庙后有一个近一亩大小的泉凼，该泉被称为天灵寺泉。此泉凼的泉水清澈见底。冬天，泉水温暖，夏天，泉水冰凉。附近的村民都在此泉取水做饭、洗衣、洗菜。同时该泉也解决了附近几百亩农田的灌溉问题。20世纪六七十年代农田改造时，泉凼逐渐被填埋，现在只有近十平方米的泉凼幸存。

天林寺泉凼

濛阳镇 **猴涧沟**

猴涧沟位于濛阳镇桂桥村，因其泉眼堰口处的形状像猴子，而泉眼出水口正位于堰口的咽喉处，因此得名猴涧沟。

据说，该泉还真的和猴子有关。三百年前，湖广填四川时，最早来此的人家看见了这一汪清泉，便在此插杆占地。不知道什么原因，无论种什么庄稼，总是天收一半、地收一半。甚至人们在泉凼里

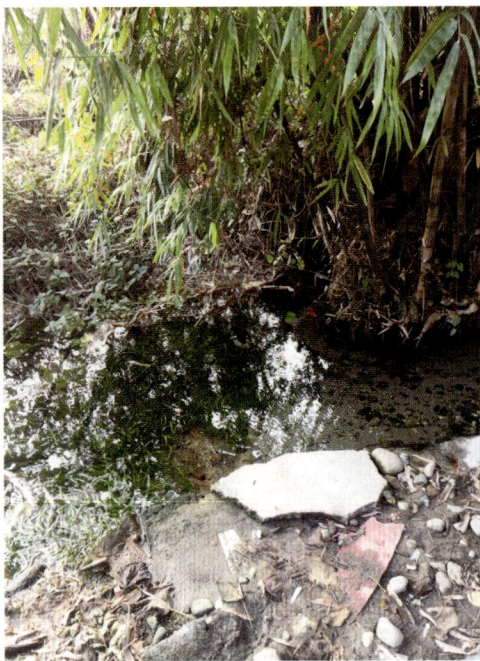

喉涧沟

洗澡，衣裤也经常不见。后来，有人发现在附近的一片树林中有一群猴子，才知道是这群猴子在作怪，于是当地人赶走了猴子。自此庄稼有了好收成，人们也过上了好日子。

濛阳镇 八棚堰

八棚堰位于濛阳镇白土河村与九尺的镇交界处。

古时，这里住着八家人，都靠天吃饭。他们看见九尺泉眼众多，别人家的田地是泉水自流灌溉，非常羡慕。于是他们在自家田地附近寻找水源，但找遍了也找不到好的水源，不是地势低了，引不来水，便是泉眼在春季需要水时，又没有水。

一天晚上，八家女

八棚堰

主人都做了一个梦，说白土河上面有一口泉眼，需要八家人齐心协力才能引来水。第二天一大早，八家人凑在一起商量，各自找来壮劳力，在泉眼旁各搭一个棚子，只用了八天时间，便修好了堰塘，引来汩汩的泉水。因此该泉就被八家人亲切地称为八棚堰。

升平镇 | **稀饭堰**

　　稀饭泉在升平镇昌衡村境内。据说川内名人尹昌衡年幼时，曾在这里与儿时伙伴嬉戏打闹，只是随着岁月流逝，仅有一些老年人依稀记得。

　　当年，尹昌衡还很小的时候，他父亲做小生意养家糊口。每个逢场天尹父都要去升平场赶场卖米面油之类的货物。

　　光绪年间，当地连续三年大旱，几乎所有泉凼都没有水，庄稼长势不好，收成不高。年底修堰时，堰首因无法收到该收的粮食，便天天煮稀饭给修堰的人喝，大家都吃不饱，干起活来没有力气。住在附

稀饭泉

近的尹父听说后，觉得这样下去对来年的收成不好。他亲自到罗万场廖家湾那里的一户人家，买了一头两百来斤的肥猪，吭到堰首住的地方，请他让修堰的人打牙祭。哪知道这个堰首嫌麻烦，不要这头猪。尹父只好吭回家，自己杀了又腌好拿去。堰首说："我咋好要哦，那些人（指修堰的人）还以为我从中得了你好多好处，你又没有田在我这里灌溉。"尹父说："我不要钱，送给修堰的人，请你煮稀饭时加点进去。"堰首还是拒绝。

尹父没有办法，便回家和尹母商量。尹母说："只有大家收成好，生活才会好，我们的生意才好做。这样，我们就做腌肉稀饭，给他们送去。"腌肉稀饭做好后，一家老小抬的抬，担的担，才十岁的尹昌衡也抱着一个小缸钵跟在后面。腌肉稀饭被送到修堰人做活路的地方，大家饱餐了大灾之年最好的一顿腌肉稀饭。大家都很感念尹家人，泉修好以后，取名稀饭堰。

父母的这件事，给年幼的尹昌衡留下了很深的印象。后来，他在成都读书时也仗义助人，获得很好的名声，得到很多人的拥护和爱戴。

升平镇

乌木泉

　　乌木泉位于升平镇莲泉村。相传，南北朝时期，梁武帝萧衍打算来蜀地游玩，朝廷派人去大山里收集乌木，计划在蜀地修建行宫。人们运送乌木经过现莲泉村五组时，突遇暴雨，大家眼睁睁看着大水冲毁马车，冲走了乌木。大水退去，乌木被淤泥埋在地下，再也无人问津。

　　直到清朝，有一邹姓举人想扩大泉眼，找人一镐头挖下去，带上来一小块木片，继续深挖，挖出来许多乌木。当地人推测这可能就是梁武帝时期被掩埋的那些乌木，因此将此泉称之为乌木泉。

乌木泉

升平镇 | **长乞泉**

　　长乞泉，又叫长驼泉，位于升平镇龙福村，灌溉龙福、龙吟以及九尺镇等地的田地。

　　光绪《彭县志》记载，长乞泉，县东二十里，距龙吟寺西南三里，顺白渚河掘泉，捲石覆之，灌田一千两百余亩。嘉庆末年，由当

长乞泉

地文生付开元领头挖掘。

长乞泉有三个泉眼，散布在龙福村东南。早在明末清初，这一带便有外地移民来此居住。那个时候，白渚河不像现在治理过的小河，冬春季节很少来水，夏秋发大水，如同一匹脱缰的野马，在这一带肆意破坏，河床也年年改变。即便如此，来此居住的人们还是顽强地生活在这里，房子被冲毁了，再修；田地被冲毁了，再开垦。

白渚河平时的河床很低，流水无法自流灌溉田地。老百姓便种植玉米、花生等旱季作物。周边的人家有的利用前人留下的泉眼挖沟渠浇灌土地。这一带的人不服气，也四处寻找泉眼，先后找到三个泉眼，引水灌溉土地。洪水年年冲毁水渠和泉凼，他们就年年修，逐渐形成规矩，老百姓戏称为长乞泉。

光绪《彭县志》的主要撰稿人是被称为川中大儒的吕调阳先生。他深入乡村调查，走到长乞泉，觉得应该让后人记住这里的人们锲而不舍的精神，编撰县志时，专门留下近三十字记录长乞泉。

下双泉

升平镇

下双泉位于升平镇积泉村。原先这一带的旧地名叫望天坝，河坝沙、井口沙漏水严重，有千余亩田地等天下雨，靠天吃饭。大户人家靠收租子以及在升平场和县城做点小生意过日子。佃户的日子则是有了上顿没下顿，很多人家都想放弃这里，到其他地方租田过日子。

有田的大户们坐在一起商量，怎样才能留住这些佃户继续租地种庄稼呢？一个姓黄的大户在外做过生意，见识要多些，他先到双水房，想延长渠道，把水引到望天坝。但望天坝的地势太高，没法把水引过去。当地一位乡绅略懂地理，围着望天坝转了一圈又一圈，转累了就找了个地方坐下来休息。说来也奇怪，当他起身准备离开时，感到裤子有些湿润，判断这里有地下水，便让人来挖。几个人连续挖了三天，大约挖了一分多地的面积，深达九尺，才见一股细小的泉水流出来。在相隔不远的地方继续挖，很快又挖出一个小泉凼，只是泉凼地势不太高，流不到望天坝，大家都束手无策。龙兴寺住持听说后，便派一位懂地理的和尚到这一带帮老百姓找水。大和尚跑到已经挖出泉凼的下方半里处仔细勘察，最后让人在皂角树旁边挖泉。才半天工夫，便挖出水量丰富的泉凼，面积近半亩，还在东边不远处又继续挖出一个出水丰富的泉凼，面积有七分地大。众人按照水流方向挖渠引水，大泉的水经过小泉流到望天坝。人们就将先挖出来的两个小泉凼称为上双泉，将后挖出来的两个大泉凼称为下双泉。

下双泉

　　和尚觉得这里是一个风水宝地，不想离开，便在大小泉凼之间修了寺庙，取名双泉寺。他还告诉大户人家，要把多余的粮食集中起来，修一座仓库，聚集大家的粮食，以便在灾荒年救济贫苦百姓。仓库修好了，粮食来自各大户，大伙儿称这个仓库为积谷仓。据说这个积谷仓在抗战时还拿出粮食救济过参加抗战的士兵家庭。

升平镇 **九道堰**

　　九道堰位于升平镇龙福村。这里的土地最初因地处白渚河河坝，只能种植旱季作物。耕种田地的人们眼见白渚河的水白白流走，很心疼。于是他们扛起锄头四处寻找水源，在白渚河边连续修了九道埂子，把水引来浇灌，故名九道堰。

　　关于九道堰，还有一个古老的传说。早年，县城东有个清平局，与升平镇隔河相望，河上有座白龙桥。

九道堰

白渚河年年发大水，淹了两岸的土地，形成很大的泉凼，面积包括现在龙福、光明、星光、龙吟等村，只留下龙吟寺和对岸的燃灯庵。这天，龙吟寺的住持做了一个梦，说有条龙在作怪，需要与燃灯庵的尼姑一起齐心协力把它锁住，才能不再发大水。受灾的人们听说妖异作怪，纷纷拿起锄头、钉耙、扁担、箢篼自愿集合在龙吟寺。住持见大家万众一心，就亲自涉水到燃灯庵，请那里的住持一起点燃百盏油灯，燃灯七七四十九天。奇怪的是，一寺一庵的油灯变成了九根红翎，分布在白渚河两岸，刚好在两座桥之间。上游的桥叫上白龙桥，下游的桥叫下白龙桥，据说那条作怪的龙就被锁在下面。

如今，上下白龙桥还在，南岸靠近县城，当时的县官设清平局管理，人口逐渐增加，九根红翎的地方慢慢地被改造成良田，如今有的地方还成了市区。北岸的九根红翎还在，只不过随着岁月的变迁，名称变成了九道堰。

升平镇 双 泉

　　双泉位于升平镇莲泉村，以两口泉眼得名。二泉隔道相望，呈东西并排状，每泉直径大约三米。西边泉水较小，东边泉水较大。两汪泉水晶莹碧透，甘甜清洌，天旱不涸，雨涝不溢，可灌溉八百余亩农田。

升平镇莲泉村双泉景观

据有关史料记载，一百多年前，当地两位地主张之文、张之超为灌溉农田，命人四处寻找水源，最后在莲泉村发现了水源。于是安排工人日夜不停地挖掘，形成稍具规模的堰塘，使得周围农田得以丰产。随着周围开垦的农田越来越多，一个水源已无法满足灌溉需求，于是在其泉眼旁继续挖掘出另一个泉眼。因两口泉相距较近，当地老百姓称之为"双泉"。

目前，双泉已被打造成集灌溉休闲于一体的乡村景观，不仅是当地人休闲娱乐的好去处，也吸引了很多外来游客前来参观。

军乐镇 | 香水井

　　香水井位于军乐镇香水村，以井水香甜而得名。嘉庆《彭县志》记载："香水寺，在县北二十里，本名香寿寺，寺内有井。"话说东汉末年，曹操、刘备、孙权历经多年征战，形成中国历史上三足鼎立的局面。刘备得助于诸葛亮的运筹帷幄，于公元221年在成都建立蜀国，仍念念不忘光复汉室。

香水井

相传有一天，刘备带领一队人马路过彭州市（原彭县）军乐镇（原军屯乡）香水村一寺庙，见庙内烟雾缭绕，有梵音缈缈传入耳中，烧香祈福的善男信女进进出出，甚是兴旺。见此情景，刘备也来了兴趣，于是下马想去拜一拜。刘备搀扶夫人进入庙内，正在为香客求签解惑的悟能大师瞧见来者衣着华丽、气度不凡，便知是贵客临门，马上起身迎接。得知来者是蜀汉开国皇帝，众僧立马匍身跪拜。悟能大师吩咐两名小徒弟从树旁的井里取水，给刘备一行人。半碗水下肚，刘备顿感神清气爽，多日的疲惫一扫而光，唇边萦绕井水香甜清凉的味道。一碗水喝完，刘备觉得头脑异常清醒。悟能大师向刘备讲起井水和寺庙的来历。

悟能大师云游到此，发现井水的不同，便用三年时间在旁边建了一座寺庙。还来不及取名，就迎来了蜀国皇帝的光临，顿感蓬荜生辉。悟能大师大胆恳请刘备恩赐寺名。刘备挥毫泼墨，赐名"香水井""香水寺"，临别之际还不忘告诫悟能大师要行善积德、扶助百姓。从此，这里便有了这个一千八百年没变的地名——香水，这也是今天军乐镇香水村的由来。

军乐镇

宝石泉

宝石泉位于军乐镇黑龙社区，已经有一千多年的历史。关于宝石泉的来历，当地老百姓口耳相传这样一个故事。

在武则天登基的天授年间，益州地区发生旱情，田地开裂，禾苗枯死。反对武则天的李氏一党趁机造势，武则天下令，各州县都要挖井挖泉以解百姓饮水与灌溉之困。

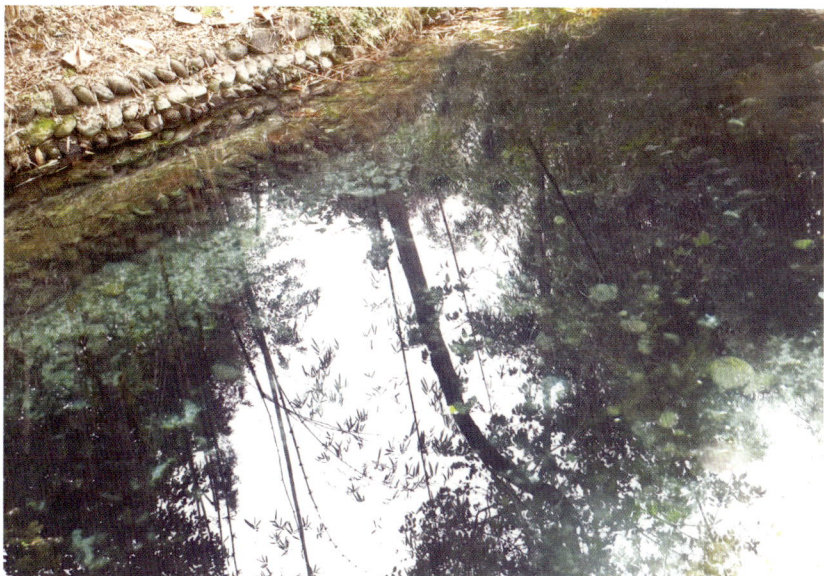

宝石泉

当时的黑龙社区本来是用马牧河水灌溉田地的，可这一年马牧河干涸，庄稼眼看就要颗粒无收。如果交不起地租，佃农田胜天的女儿田阿苗就要被许给财主刘大庆做小妾。

田胜天和村里的其他佃农商量挖泉解旱情，但挖泉的费用很大，不是这些吃了上顿担忧下顿的佃农所能承担的。田阿苗给父亲出了一个主意。

田阿苗父女俩趁夜深无人时去村中老人所指的最有可能出水的泉眼处挖掘，挖掘后又用枯草盖上，如此反复几天，引起了财主刘大庆的注意。刘大庆派人打听到田阿苗父女俩在夜里偷偷挖宝石，他的心腹还说亲眼看到田阿苗父母屋中露出宝石的光芒。

刘大庆岂容佃农独吞宝石！他下令将泉眼所在的地方围了起来，派人开始挖掘。泉凼越挖越大，水越流越多，却没有见到宝石。刘大庆带人到田胜天的家，将他的房子翻了个底朝天，也没找到宝石。刘大庆带人抓了田胜天，逼问宝石的下落，田阿苗逼不得已，说出所谓的宝石只不过是萤火虫夜里发出的光。

刘大庆非常气愤，打田胜天，要强纳田阿苗为妾。这时，官差突然赶来，要刘大庆交出挖到的宝石，如果交不出宝石，就要治他欺君之罪。

危机之时，田阿苗站出来说自己有办法帮刘大庆渡过难关，但要求刘大庆以后都不能再为难佃农。刘大庆逼不得已同意了。田阿苗让刘大庆准备了宽大的绢布，然后让佃农家所有会刺绣的女子连夜赶绣了一幅万寿图，献给武则天。

武则天一高兴，就免了益州三年的税赋。这一眼因为宝石而挖掘的泉凼，也被赐名为宝石泉。

高堰子

军乐镇

高堰子位于军乐镇红星村。该泉一年四季清流不断，解决了附近居民的生活用水，还承担着灌溉农田的使命。这一眼其貌不扬的泉水，还有一个不寻常的神话传说。

三国时期，孙吴方士、灵宝派祖师葛玄，曾经云游天下寻找修炼洞府。有一次他途经蜀国益州军屯，突感饥渴难耐，恰巧看见路边一

高堰子

少年喝水吃饼，便上前讨要水饭。少年将自己用来充饥解渴的饼和水送上。

五十年后，葛玄离得道成仙总是差一个契机，初窥天道的他发现自己还欠一份情未还。水镜回溯时光，葛玄才知当年给他饮食的少年实际上是倾其所有。少年当时也又饿又渴，看葛玄年老，便强忍饥渴让出食物，不想因此饿晕在路上，错过和在蜀国当军官的堂叔约定的时间，只能回乡艰难度日。葛玄再次装作疲劳旅人来到军屯。此时，军屯逢三年大旱，村中六十岁以上老人集中在一处土地庙拒绝喝水，等死。葛玄故意晕倒在当年的少年面前，当年的少年还是善良地想方设法给他找来了村中最后半碗水。葛玄因为他的善心最终窥见天道。葛玄用拐杖往地上一戳，地上立刻出现一个大坑，一汪清泉瞬间喷涌而出，然后他哈哈大笑御剑而去。众人有了水喝，有了活路，但见泉水四处流溢，实在觉得可惜。于是大家齐心合力筑起高高的堰头，想把泉水围住不让它流走。可不管堰头筑得多高，泉水始终往外冒，惠泽更多的乡民。因当年那个少年姓高，围起泉水的堰坝也高，久而久之，这眼泉就被叫作高堰子了。

军乐镇

清泉湾

清泉湾位于军乐镇朝阳社区。关于清泉湾，当地流传着一个让人津津乐道的故事。

话说刘备带领法正等官员攻下雒城后，前往益州城，撑竹筏子过了马牧河。法正见河水清澈，想下河洗去一身疲惫。虽然时值春末，但河水还是太凉。法正怕着凉生病误了军机，只好忍着。刘备见河水清澈见底，也想下河洗澡，法正知他咽干喉痛，怕再被凉水一激，病情加重，赶紧上前阻拦。过了河，法正见岸边有妇人在摘一些植物的嫩芽，就好奇地把妇人叫来询问。妇人说摘的野菜叫枸芽子（即枸杞）。她见刘备干咳，眼睛红肿，就说这种野菜能治刘备的病。将信将疑的法正按妇人说的，让兵士摘了一些回来。刘备吃后果然见效。

清泉湾

采摘枸芽子的兵士告诉法正，前边不远处有一湾清泉，泉边长满了枸芽子，泉水温热，适合沐浴。几个身体不适的兵士洗后，感觉好多了。法正一听，赶紧前去考察，证实了兵士的说法，于是和刘备一起到泉中泡了一个澡。两人顿时感觉神清气爽。后来刘备再到香水寺，都会先到清泉湾沐浴更衣，才进寺烧香。一千多年过去了，人们只记住了刘备进香水寺烧香，忘了他进寺之前会去清泉湾沐浴这件事。

如今的清泉湾泉水依旧清爽甘甜，泉边的枸芽子仍像当年那样生长，只是稀疏了许多。每年初春，人们还是喜欢摘上一把枸芽子吃，去去肝火，只是已经很少有人知道，这略苦爽口的嫩芽曾经治好蜀汉国主刘备的虚热证。

军乐镇 王家堰

王家堰位于军乐镇马牧河边谢家院子附近，四周包围着一片慈竹林。

据说，王家堰是一户姓王的大户人家在此挖成的。该泉解决了下游上百亩稻田的灌溉问题。每年冬季岁修的时候，都是

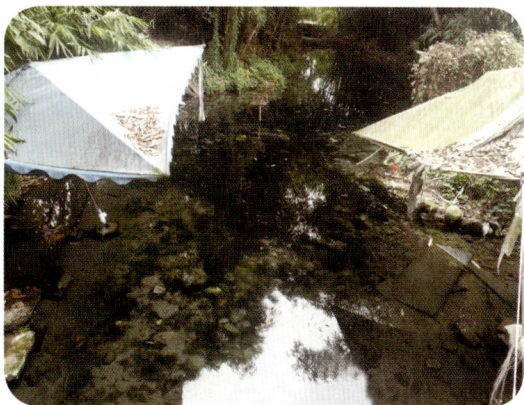

王家堰

王家派人来淘清堰头。有时因为天旱，就派人往深处挖，结果越挖越深。天旱的时候，如果水小，出不了堰口，下游王家的人还在这里架水车提水。

《军乐乡志》载："其中单靠车水的田占半数以上。车水工具主要是牛车、足车和手车。车的长度一般是三至四丈，只有人力手车长度一丈左右。车型多样，如冒龙车、槽车、龙骨车。车水全靠人力和牛力去完成。"

人力车水相当辛苦，遇到天旱年景，前前后后要车水七八十个昼夜，全家老幼都要轮班劳动，直到薅完第二道秧子。当地流传着一首

这样的车水谣：

> 有女莫嫁小堰田，
> 嫁到小堰田，
> 裤儿磨烂完。
> 白天要车水，
> 晚上要纺棉。
> 遇到老天干，
> 铺盖裤儿要车完。
> 养儿要打单身汉，
> 养女出嫁没陪奁。

到人民渠建成以后，该地用水情况得到改善，泉堰岁修减少。现在，这个泉眼的泉水还灌溉着下游的大片土地。泉眼周围也是人们散步消暑的好去处。

白马泉

敖平镇

白马泉位于敖平镇兴泉村，面积八百六十平方米，深度四米，形状为圆形，泉水流经半个兴泉村，灌溉千余亩农田。

相传明朝开国皇帝朱元璋在位时，一位姓傅的将军骑着高大的白马率领一支队伍从北往南急行军，经过一个清澈透明的泉凼时，无论将军如何挥鞭，白马总是前蹄上立，直甩尾巴，不肯前进。将军随即下马，传令将士原地暂作休息。队伍停止了行军，将军的随从牵着

白马泉

大白马到泉边饮水，将士们也纷纷饮泉水解渴。大白马饮饱泉水后突然高声长嘶，精神大振。将军传下号令，集合人马继续南行。据说将军后来骑着饮了泉水的大白马打了很多胜仗，官府就把这潭小清泉命名为白马泉。后来还将此泉扩建至八百多平方米，并往下挖了五千米的排水沟。泉水不仅满足当地几千人的生活用水，而且能灌溉农田千余亩。

如今，敖平镇保护性改造白马泉，让泉水更加清澈，不仅优化了当地的生态环境，而且成为当地群众、外地游客观光休闲的好去处。

敖平镇 芦茅泉

芦茅泉位于敖平镇鹤泉村，面积两百五十平方米，深度三米，形状为椭圆形，可灌溉千余亩农田。

史料记载，芦茅泉挖建于清同治四年（1865），因周围栽种芦苇而得名。芦茅泉所处地势两边高，呈"U"形，中间约有一百米宽，上下约有三千米长的低洼沼泽地，泉水常年清幽。该泉还流传着一个孝子救母的感人故事。

相传芦茅泉边住着一位远近闻名的孝子。母亲体弱多病，孝子为母亲四处求医，但母亲的病始终不见好转。孝子因此整日寝食难安。有天晚上，太上老君托梦给孝子，叫他不要忧愁，次日会派一童子帮他母亲医治。第二天，天刚蒙蒙亮，果然来了一位青衣童子，和孝子一起用泉边的芦苇叶、根瘤菌和川芎根茎叶煎成一副汤药。孝子的母亲喝下这药汤，不久病就痊愈了。

孝子救母的故事广为流传，芦茅泉也因此成名。

芦茅泉

七星泉

敖平镇

　　七星泉位于敖平镇鹤泉村，该泉面积为两百五十平方米，深度为三米，灌溉鹤泉村五百余亩农田。

　　关于七星泉的来历，要从敖平镇每年举办的城隍庙会说起。敖平镇自古就是一个商业繁荣之地，据说各种商品在这里都能卖到比别处更好的价格，因此吸引了四乡八邻，甚至邻县的百姓来敖家场（敖平

七星泉

镇旧地名）赶集。不仅如此，敖家场的女人还长得特别漂亮，自古就流传着"花园沟的李子，下泉寺（敖平镇一地名）的女子"的民谚，因此皇帝也被吸引了来。相传梁武帝游台城路经敖平，在城隍庙会上看中一女子。梁武帝回宫后，很快把这位女子给忘了，此女不久就忧郁而亡。当地按风水建凤鹤楼，挖秭柦堰，再按七星布局挖了七星泉，并将这位女子的坟立在紧靠七星泉的凤鹤楼对面。

敖平镇 上泉寺泉

上泉寺泉位于敖平镇紫泉村，面积两百五十平方米，深五米，灌溉农田两百余亩。

关于上泉寺泉的来历，当地流传着一个民间故事。相传在明成祖朱棣时期，修建了上泉寺，寺庙内有不少和尚。有一天晚上，泥鳅、黄鳝分别给寺内的住持托梦说："我要从泥土里出来升天成仙，临走前要做一件你们吃不完并有利于子孙后代的好事，但我一伸头，你们的鸡就啄我，请把它们关在笼子里。"第二天夜里，电闪雷鸣，瓢泼大雨倾盆而下，老百姓把鸡都关进了笼子。又过了一天，果然在寺庙门前出现了一池清汪汪的泉水，人们便将此泉取名为上泉寺泉。

上泉寺泉

敖平镇 **五珠泉**

　　五珠泉位于敖平镇紫泉村，面积三百五十余平方米，深十米，流经紫泉村、鹤泉村和石音村。泉水使两千余亩农田受益，后汇入鹤泉村斗渠。紫泉村西边紧靠人民渠，南边是小石河，水资源相当丰富。

　　《彭县志》记载，五珠泉形成于明代以前，为元朝末年所挖。相传挖泉挖到三四丈深的时候，突然喷出五个大泉眼，貌似五颗明珠，五珠泉因此而得名。

五珠泉

　　五珠泉的北边、东边有一片低洼下湿田，地下水储存量相当大。清咸丰年间，敖平一带发生特大旱灾，为了抗旱，什邡、广汉的百姓和当地百姓一道，架起二十四架水车，昼夜不停地抽水，五珠泉的水都没被抽干。当时的五珠泉能保障五千余亩农田灌溉用水和近万人的生活用水。

　　敖平镇诗人这样赞美五珠泉："深掏三泉灌良田，涌泉周围石栏杆。五珠广场歌舞练，二泉映月景色添。"还写了赞美五珠泉的词："清水游鱼摆尾欢，两边青柳伴蓝天。少年嬉戏荡微澜，一曲泓波流数载。今朝亮眼展新颜，笑迎各地客人观。"

三界镇 廖家泉

廖家泉位于三界镇红家村老罗万场附近，面积一亩有余，灌溉彭州、什邡两千余亩土地。

相传，明末清初迁居来的廖家在小石河边插扦，占了大片无人耕种的土地。小石河从北流过，由于地势较高，无法直接引水灌溉。廖家人顺着小石河道在祖屋上方几百米的地方找到泉眼，在周边乡邻的帮助下，开挖渠道引水灌溉，因此得名廖家泉。

廖家泉的引水渠经过老罗万场，有暗渠、明渠，每半里一个泉口。沿途有楠木堰泉水注入。楠木堰地处老罗万场原东狱庙附近，面积将近一亩。渠水下通什邡马井。廖家泉西去半里，至今尚存甘家林盘，面积七余亩。

翻身堰

三界镇

翻身堰位于三界镇北泉村。说起翻身堰，当地的老年人总会说，多亏共产党，为我们老百姓办好事。

原先这一带居住的百姓世代生活艰难，由于地势偏高，

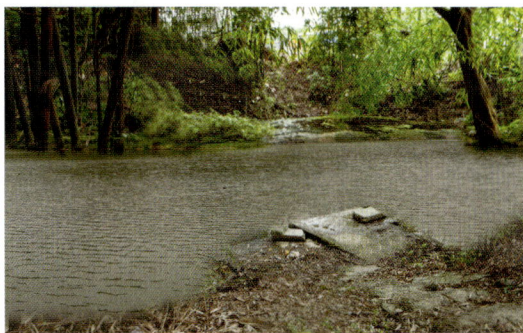

翻身堰

周围的水引不上来，几百亩地只能种玉米、花生。玉米一亩地最多有两三百斤的产量。花生呢，能够有几箢箢的收获（四川方言，意思是收获很少），算是了不起了。辛苦一年，到了冬天便没有了吃的，只好东家借西家还，还要交租子，生活很是窘迫。

1950年，彭县和平解放。当地农会主席谢新江在当时的军代表支持下，四处寻找水源，总算找到了一个泉眼。他们挨家挨户地动员，组织当地的翻身农民，出工出力挖出这眼泉水，又开挖引水渠，把水引到各家各户，改土为田，当年就种上了水稻，下半年水稻产量达到五六百斤，让居住在这一带的农民吃上了饱饭。

为了纪念这个让大家吃上饱饭的新堰，大家给它起名叫翻身堰。

三界镇 **谢恩泉**

谢恩泉坐落在三界镇白衣村境内。

据说这个泉眼早先是一户姓谢的人家发现的，谢家还在泉眼附近修建了谢家大院，所以谢恩泉原来叫谢家泉。这眼泉水清澈见底、甘甜可口。村民都喜欢在泉边树下休憩聊天，过

谢恩泉

往行人也喜欢在泉凼边纳凉休息。乡亲们还在泉边上方栽了两棵桉树，请石匠刻了一个碑，碑石上刻着"吃水不忘挖井人，时刻想念毛主席"。

2008年"5·12"汶川特大地震之后，当地政府对这个泉眼及周边进行维护性修缮，扩宽、挖深、清掏，修建了饮水、洗菜、洗衣分隔区，还在周边栽种了花草树木。为了感谢泉水的养育之恩，感谢党和政府的惠民恩泽，当地人便给这个泉取了一个新名字——谢恩泉。

卿大娘泉

卿大娘泉位于三界镇观圣村。传说以前有个女人嫁到卿家，大家都不知道她在娘家的名字，就按她男人的姓氏叫她卿大娘。卿家很穷，住在牛车房，食不果腹，是真正的穷得叮当响。卿大爷不幸生病

卿大娘泉

早逝，留下卿大娘带着唯一的儿子艰难度日。有一天，卿大娘在牛车房旁边干活，看见有泉水冒出来，就用小碗舀了一点，喝进嘴里感觉泉水清凉甘甜，她就叫儿子在冒水的地方往下挖。起初只有一股水冒出来，越挖水量越大，形成了一个泉凼。卿大娘就在家门口开了一个茶铺，用泉水烧开泡茶。卿大娘是勤快人，把泉凼周围料理得干干净净。邻里乡亲劳作之后途经这里，都爱喝一碗泉水茶解渴。卿大娘也善于经营，遇到没有钱的乡亲或路人，就免费提供茶水，慢慢地茶铺生意越来越好。卿大娘过世后，她的儿子经营了几年茶铺生意，便离乡外出打工谋求新出路去了，茶铺从此销声匿迹。当地人念卿大娘的好，就把这个没有名字的泉凼称为卿大娘泉。

三界镇 | 万工堰

　　万工堰，地处三界镇红家村境内。相传，万工堰的修筑历史已有700余年。新中国成立后，古堰不断得到改造和扩建，成为三界镇红家、春山，什邡市马井镇红星村等地上万亩农田灌溉和村民生活的水源之地。

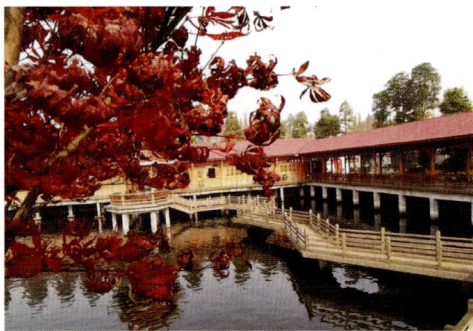

万工堰

　　万工堰，又名万弓堰。相传，罗万（今属三界镇）境内有金、银、铜三大泉水，其中金泉最大。其泉水质好、泉口大、水量充沛。该泉形如无数弓箭卧于泉口之下，成向上喷射状。于是，当地老百姓在此筑坝建堰蓄水，该堰遂称"万弓堰"。后来，当地百姓感念筑堰工程量大，施工人数多，施工条件艰苦，故改名"万工堰"。

天彭街道 凉水井

凉水井位于天彭街道檀木社区。传说原来井边住着一对老夫妻，他们开了一个茶铺，吃茶人较多，收入还不错。老两口对人和气且乐善好施，在乡邻心中是大好人。数九寒天的一个傍晚，一个衣衫单薄冷得发抖的道士路过茶铺，老人将道士请入店中，递上一杯热茶，还请道士坐下来一起吃晚饭。老人端出热菜热饭招待。饭后道士与老人闲聊，建议老人不要只单纯卖茶，还可以卖点酒，增加收入。老人说卖酒要本钱，哪里去找本钱啊。那道士就说："这有何难，算我的。"只见道士口中念念有词，一会儿说："成了。"示意老人去井边打水。

老人将信将疑，打起一桶水来，俯身一尝，顿觉比"天彭烧春"还好喝。道士说："往后你们的日子就好过了，但须谨记：每天天未亮时，背着其他人只打一桶水，天亮不能打，这秘密千万不可告诉别人。"老人点头答应。

三年后的一天，道士路过此地，老人一眼便认出了当年的恩公，便请道士进铺子叙旧，甚是亲热。道士问其景况，老人不无遗憾地说："你能烤出酒来，若再造点酒糟出来就更好了，这样我一年再喂百十头猪，再买二三十亩田，我就可以当个大粮户了。"道士见他屋内一切焕然一新，茶铺也新增了几间。说话之间，恰有一白发乞丐来乞讨，老人竟将他逐出门。恰巧，隔壁邻居的牛病了求老人借点钱抓药。老人不答应不说，还百般挖苦数落人家。然后老人叫老婆拿出二两银子给道士，道士不屑一顾地把钱放在桌上。丰盛的饭菜已摆满桌子，老人恭请道士上座吃饭。道士推说小解，出门飘然而去。

第二天老人照旧从井中打水，天亮开铺子时见铺子墙上写着几行字，走近细看，写的是："天高不算高，人心比天高。井水卖成钱，还嫌猪无糟。"老人有些狐疑，感觉是在说自己，就想把它刮掉，结果越刮越现（四川方言，"现"在此处的意思是清晰），竟拿它毫无办法。中午有客人来店里喝酒，刚喝了一口便吐了出来，大骂老板骗人。之后再也没有人再来吃酒了。老人很不甘心，数次打水上来，一尝均无酒味，纯粹是一井凉水。众茶客知道内情后也不来喝茶了。

从此，这眼普通的水井便有了名字——凉水井。

天彭街道 东 湖

彭州的东湖在宋朝就已小有名气。《蜀中名胜记》记载："治内有东湖。元符中，袁䛒记云：九峰高峙，濛水浚发，楼阁亭轩，隐见于茂林修竹间。"宋代的李石继虞允文之后任彭州通判，官署紧邻东湖。他在东湖边搞了不少园林，还写诗赞东湖盛景。李石在《湖屿》自序中写道："东湖门西偏得小室，前揖城堞，花木阴茂如突出中址也，曰湖屿。"

清代罗江才子李调元于乾隆年间数次来彭州游历，与彭县知事谢生晋宴饮畅游，留下赞誉《东湖》的诗篇："东湖春水对西湖，仿佛山阴被褉图。昔日楼台今已圮，茂林修竹有还无。"

20世纪70年代，天彭镇外东街止于街北的东林寺。东林寺（现为粮机厂的职工住宿楼）外的东北便是东湖。东湖是文人的称呼，当地老百姓称之为淖池塘。东湖并不大，水面约有三亩（据何光祖先生回忆，在彭县新中国成立前后，淖池塘水面约有十亩）。东湖的主要水源有三：一是原城关镇菜蔬营的东北村"横（读huán）巷子"大沟分流的水，自西向东流入东湖；二是一条沟从神仙桥内侧沿东西走向的古老城垣先自西向东，后随城垣内侧自北向南流入东湖；三是东湖地势低洼冒出来的地下泉水。湖内多余的水经短暂停留沉淀之后，从东南角出水口流到一条自然河道之中。东湖的水经县城外北边人口稠密区域流过来，原先池塘之内水草多，湖内沉积较多泥淖，故又谓之淖池塘。

东湖地处东北村与东郊村之间两不管地带，在20世纪六七十年代成为天然的公共池塘，是彭州人游泳、钓鱼的自由场所。尽管东湖在二十多年前已经消失，但在老一代彭州人心中留下了永恒的记忆。

西 湖

天彭街道

西湖风物似当时，惟有流光去莫追。

十四年前植修竹，茂阴如识绕方池。

——宋吕陶《过天彭怀昔游三首》之一

　　彭州西湖，为《永乐大典》记载的天下三十六西湖之一，又称为成都西湖，原址在今彭州市下柳河与西大街延长线交叉处的南边，今已变为楼宇道路。据《永乐大典》转引《元一统志》："成都西湖，在成都彭州。元符三年（1100，引者注），太守李侯《序》西湖曰：唐大中元年，《望雪楼记》载，王仆射潜，萧桂州祐，继守此郡。于西湖布列台岛，罔不妙绝。二公之守是邦，皆元和时也。则西湖之作，其在元和时乎。"《蜀中名胜记》也记载，彭州西湖是唐元和年间州守王潜、萧祐开辟的。进士新都人邓衮记曰："二公陶奇撰幽，不乏心匠，于西湖台岛花竹，布置罔不宛妙也。"

　　早在唐宋，彭州西湖就是本地名胜，为达官显贵宴游之地。宋代舆地总志《新编方舆胜览》卷五十四载："西湖，唐元和间守王潜、萧祐创。"据周表《焦夫子碑记》记载："熙宁中，吾乡贤士文与可游天彭，馆倅舍之徐公园。杯酒谈笑中，忽放笔绘夫子之像于学之壁。不数笔而成之。经岁既久，几至泯灭。元丰壬辰岁，聂公子守是郡，惜其潇洒神妙之迹，或隐晦不显，遂徙其壁于西湖之凝碧亭焉。"这里说，岷山有一位焦夫子，是一位奇人。北宋熙宁年间，文与可来彭州，在一面墙壁上寥寥数笔画成焦夫子像。后来这堵墙被人移到西湖边的凝碧亭内。嘉庆《彭县志》卷十四载："凝翠亭，在西湖。上有焦夫子碑像，今废。"

嘉庆《彭县志》卷十四又说："泰山府君祠旧址，在县西一里西湖侧。《蜀名画录》，郑昭请姜野人画龙即此。"

苏东坡《送宋朝散知彭州迎侍二亲》中有这样的诗句："诸孙欢笑争挽须，蜀人画作西湖图。"苏轼诗中的西湖，指的就是彭州西湖。可见当时西湖在彭州名声之大。

到了清代，历任知县都非常重视西湖。最先疏浚西湖的是乾隆十九年的知县朱次臻。到乾隆五十三年，知县谢生晋又再次疏浚西湖。西湖的连禾泉灌溉彭州南边的田地，功绩卓越。嘉庆《彭县志》卷二十九载："朱次臻，陕西三原县举人，乾隆十九年知彭县，公正不阿，开西湖及黑龙泉，兴水利，建社仓。"赵守诚《为邑侯朱公建九峰书院记》也提到朱次臻疏浚西湖："（朱次臻，引者注）于下车伊始，即开浚西湖、黑龙两泉，南乡一带，灌田一万五千余亩。"嘉庆《彭县志》卷九载："连禾泉，在县西西湖内。乾隆五十五年，邑令谢生晋凿泉三口，灌南乡田。"

经过朱次臻、谢生晋等人的修护，大概西湖得以部分恢复宋代旧观。西湖附近的景观，除了前面提到的凝碧亭、泰山府君祠，还有勇烈侯杨晟祠、龙王庙和西湖桥。嘉庆《彭县志》卷十四载："西湖，在县西里许。《寰宇记》：唐元和间郡守王潜、萧祐浚凿。邓衮记：二公陶奇撰幽，不乏心匠，于西湖台岛花竹，布置罔不宛妙。岸北有泰山府君祠。《蜀昼锦录》云：岸东有勇烈侯杨晟祠。乾隆五十三年，县令谢生晋重加修浚，建龙王庙其上。泉水数穴出，溉城南数十顷。"嘉庆《彭县志》卷十三载："西湖桥，在县西二里。"

　　清末，西湖已经废弃，如今，只剩下地名。下柳河的水汩汩地从旧西湖边流过，已经很难想象一千多年前名噪一时的西湖是什么样子了。据前辈回忆，几十年前曾见过西湖边上那个小小的龙王庙和湖边的连禾泉。

　　曾三游彭州的李调元想起彭州往日的盛况，写下《纪天彭诗》十六首，其中一首是这样写的："东湖春水对西湖，仿佛山阴祓禊图。昔日楼台今已圮，茂林修竹有还无。"

致和镇 王家泉

　　王家泉位于致和镇中平村。泉塘有两亩多宽，最深处可达六米。泉的北边有一条河，上游是天彭镇的洗脚河；下游通往清流镇的广泉村、罗汉寺。泉的四周和中部都有冒水孔，地下水往上冒，像一朵朵绽放的白莲花。泉水清澈见底，水中游鱼成串成片。王家泉的堰水能灌溉一千八百多亩田地。

　　泉塘四周，大树参天，有柏树、水冬瓜树、麻柳树、青冈树。有的古树要几个人才能合抱。

　　传说王家泉原本是三国时期白虎夷王私家园林中的湖。白虎夷王原来的地盘在凉州，属于魏国管辖区。魏国的军队杀了白虎夷王的族人，抢走牛羊，整得人心惶惶。

　　白虎夷王派人与凉州老乡、蜀汉大将军姜维联络，表示愿意归顺。姜维率军接应，把白虎夷王及其族人护送到现在的中平村一带，在现在的王家泉这个地方给白虎夷王修建了一处私家园林。

　　白虎夷王及其家人把王家泉视为神水，每天饮用，感觉神清气爽。几年后，天降大旱，河水断流，周围百姓没有水喝。白虎夷王下令，开放王家泉，让老百姓取水饮用。四方百姓把王家泉称为救命泉，家家户户焚香祷告，感激不已。

　　插秧季节已到，老天滴雨未降。白虎夷王叫人造龙骨水车，装在泉塘口提水，让泉水流进田里。之后，又叫百姓修西边的何家泉、北边的李家泉、东边的红泉凼，挖深泉塘，扩大水源，然后架上龙骨车提水。

白虎夷王指挥人们昼夜轮班提水，抢栽抢种。一道道白亮亮的泉水流进干涸的田地，青青的秧苗及时插满水田。秋收时节，五谷遍地，老百姓丰衣足食。

据说白虎夷王活了一百二十多岁。白虎夷王去世后，人们在王家泉的西北边垒出一个高大的土山安葬他，让他保佑王家泉永远流淌。后来有一首民谣这样唱道：

王家泉水长又长，不及夷王恩情长。
夷王开渠富百姓，百姓千年敬夷王。

致和镇 | **猫猫泉**

　　猫猫泉位于致和镇明台村。该泉周围竹木环绕、花草丰茂，泉中水草荡漾、锦鲤戏水。堰塘内泉眼众多，清流长年不断。据测算，枯水期每小时流量为一百立方米，旺水期每小时流量为三百立方米，灌溉着明台村一组、二组、七组、九组共三百余亩农田。这样美好的堰塘，却有一个奇怪的名字：猫猫泉。为啥取了如此奇怪的名字呢，村里的老人道出了其中的原委。

　　清朝年间，十多家村民齐心合力挖成一个能自流灌溉的堰塘，轮流放水灌田，村民们过上了丰衣足食的日子。

猫猫泉

后来，一个姓闫的有钱人当了里长，又自任堰长。他长得五大三粗，又会舞刀弄棍。他纠集了一伙提劲打靶的泼皮，横行乡里，人称"活阎王"。

"活阎王"自任堰长后，便宣布用水的农户每亩田每年交水费一斗米（当时每亩收成约十斗米），先交水费后用水灌田。"活阎王"每年收水费三百斗米。

起初，有几家农户不答应交费，"活阎王"便断了这几家的水。农户找他理论，"活阎王"把人打得头破血流。大家只好忍气吞声交费。

第三年，有个小伙子家里被火烧，实在交不起税，眼看田干开裂栽不下秧子，便半夜去堰头"偷水"，偏偏碰上了"活阎王"。"活阎王"拔出刀，砍断小伙子的手臂。小伙子朝西面的白虎夷王庙跑去，"活阎王"追到庙门口，连砍几刀杀死了小伙子，然后扬长而去。

第三天晚上"活阎王"酒足饭饱，踏着月光，又去堰塘查看。他远远就看见一个白胡子老头在偷水，他拔出刀，冲上去。白胡子老头忽然化成一只满身虎纹的猫，纵身跳上"活阎王"的肩头，朝"活阎王"的喉头咬了一口，然后跳下地，朝白虎夷王庙走去。竖日天亮，"活阎王"的家人找到了他，看到他已经血流满地，快要咽气了。他向家人说了被神猫咬伤的经过，又用手指着白虎夷王庙，就咽气了。众人明白，是白虎夷王的神灵化成猫惩治了"活阎王"。

神猫惩处了村霸，堰塘又回到了村民手中。人们为了感谢神猫，就把这个堰塘取名为"猫猫泉"。

致和镇

红泉凼

红泉凼，爱漂亮，夏天要穿红衣裳。

红泉凼，泉水红，杜鹃啼血水中融。

红泉凼，红殷殷，杜宇爱民情意深。

红泉凼位于致和镇明台村，灌溉明台村六组、七组大约一百余亩农田，枯水期每小时出水一百立方米，丰水期每小时出水四百立方米。平日泉水清澈见底，出水正常，但在春夏之交，就会冒出红色

红泉凼

的水流。这就是民谣里那句"红泉凼，爱漂亮，夏天要换红衣裳"的来历。

至于"红泉凼，泉水红，杜鹃啼血水中融"，则来自一个感人的故事。

杜鹃，据说是古蜀国王杜宇的化身。杜宇生前"教民务农"（见《华阳国志》）。他教会先民垦荒、播种、凿井、挖泉，使庄稼收成一年比一年好。

杜宇去世后，仍然不忘催耕。每年春耕时节，他便化成杜鹃鸟，到处啼叫。由于长时间辛苦啼叫，累得口吐鲜血。

明末清初，一批外省的农户来到明台村安家落户。春天来了，他们却无法播种，因为没有水源。杜鹃鸟站在村口的大树上，叫了三天三夜的"播谷""播谷"，提醒人们赶快播种。人们对它说："没有水，怎么播谷？"

杜鹃鸟在众人头上飞了三圈，然后缓缓飞向村北，好像在给人带路一样。人们跟着它来到一座荒坡前，只见杜鹃鸟悬飞在空中，张口吐出一线红殷殷的血水，那血水落在一个小坑里，像盛开的石榴花。

人们在那个地方挖呀挖，挖了整整三天，终于挖出了泉水。当泉水流出堰口时，一股红殷殷的水从泉眼里涌了出来。望着殷红的泉水，有人哭了起来，他觉得这是杜鹃鸟的一腔热血。

从那以后，每逢插秧时节，泉水都要变红。老农说，那是杜鹃鸟在提醒大家"播谷"。

为了感谢杜鹃鸟的大恩大德，人们把这个堰塘命名为红泉凼，还编了前面那首民谣传唱。

三眼泉

致和镇中平村五组有一处风水宝地，方圆一百丈内有三个泉水堰塘。三个泉塘像三块碧玉，成"品"字形镶在绿野之中，日日夜夜流淌着甘甜的泉水。

清朝年间，每逢栽秧时节，用水的农家便齐聚一堂，杀鸡宰羊，祭祀一个普通的农民——文五哥。他们说，没有文五哥，就不会有三眼泉，就不会有丰衣足食的今天。

故事还得从头说起。

三眼泉

最初没有三眼泉的时候，这里十年九旱，庄稼收成少，人们吃了上顿没下顿。村民多次挖地找水，但一颗水珠珠都没见到。每年的栽秧时节，文五哥受父老乡亲的委托，背上米、面、油、猪肉等礼物，到九峰山请求九峰老祖降雨——九峰老祖是九峰山的山神。

这年，文五哥对九峰老祖说："年年来求雨，求到的雨水流不到我们田里就没有了。请您赐给我们一个堰塘吧。"

九峰老祖捋着胡须想了想，说："你是一个热心为村民办事的好人，我答应你的请求。你把这三块石头背回去，埋在村口北边方圆一百丈的荒坡上，就会有泉水灌田了。"

文武哥一看，三块石头少说也有一百多斤重。他一咬牙，背起三块石头就下山去了。

从九峰山顶到山脚，有七十多里山路。文五哥下到山脚时，肩头磨出鲜血，脚板打起血泡。他顾不上歇一口气，趁着夜色往九十里外的家乡赶。背上的三块石头，在月光的映照下，闪出五颜六色的光。

第二天晚上，他背着石头去住店。石头的光芒惊动了两个经营珠宝的商人。两人出一千两白银，要买文五哥的三块石头。

一千两白银，相当于文五哥一百年种田的收入。

文五哥想都没想就一口回绝了。

两个珠宝商说："再添一千两白银买石头。"文五哥背起石头就走。第三天晚上，文五哥背着石头回到家。他的妻子把三块石头摆在堂屋里，眨眼的工夫，三块石头变成了三颗光彩夺目的水晶球。

他的妻子喜出望外地说："文五哥，这是水晶球呀，是龙王爷的宝物呀！我们把它献给皇上，皇上赏你一个大官，我们就有好日子过了，还用得着种田吗？"

文五哥说："我们有好日子过，村上那几十家人有好日子过吗？子子孙孙有好日子过吗？"

文五哥说罢，背起锄头，带着三颗水晶球来到村口北边的荒坡地，在方圆百丈的地方，找了三个地方分别埋了水晶球，然后守在那里。

天亮时，文五哥高兴地跳了起来，埋有水晶球的三个地方都冒出了清清的泉水，三股清清的泉水汇成一条小溪，向农田流去。

文五哥跑回村里，把好消息告诉大家。村民们带上锄头、钢钎、箢箕、扁挑，到冒泉水的地方往左右深挖，几天就建成了堰水塘。从此，这里结束了干旱的苦日子，年年五谷丰登、花果飘香。

人们把堰塘叫作三眼泉。文五哥去世后，村民们把文五哥当作大恩人、大圣人，年年春耕时节都要祭奠他。

龙窝子

隆丰镇

龙窝子位于彭州市隆丰镇公林村。

据传，清乾隆四十五年大旱，隆丰西部环山一带的草木、农禾一片枯黄。一天早晨，村民伍大爷和沈老幺路过环山，忽然发现环山下土坎上有一片草木长得绿油油、水汪汪。他们感到奇怪，再仔细一看，土坎上有一个十米多长的沟渠。于是，急忙跑去报告本地首事尹大舜。尹大舜召集十多个村民来到土坎前，众人齐声称奇，有的说绿

龙窝子

油油的草木下有地气，有的说那是咱村的一条龙脉……这时，尹大舜高声发话："既是条龙，龙底下是龙窝，龙窝里必定有水，大家回去把锄头、钢钎、箢箕拿来，在龙窝下取水。"大伙一致赞同，各自从家中拿来了工具，不到一天工夫，便挖出了一个一米多深、两米多宽的窝凼。眼看天色已晚，尹大舜正要叫大伙收工回家，突然发现窝凼壁湿润掉土。沈老幺举起锄头向湿土用力挖了两锄，"咕咚"一声，涌出一股泉水差点冲倒了沈老幺。这可乐坏了一帮兄弟。

龙窝清泉冒，村民乐滔滔。各户村民抽签划段，挖出了清泉出水口。从此，村民人畜用水和农田灌溉有了保障。

据光绪《彭县志》考证，三昧水洗冤池、关口文翁祠内的螃蟹仙清泉与龙窝子清泉是同一脉，发源于光光山龙波池。水质独特，具有护肤、灭菌之功效，本地村民有用清泉洗澡治疗皮肤瘙痒之习俗。

隆丰镇

窑　泉

窑　泉

窑泉地处隆丰镇桂花林村，挖掘于新中国成立初期。

当地一个雷姓老头看上了一个会做砖瓦的年轻人，就把自己的女儿许配给他。年轻人勤劳能干，会动脑筋。他发现老丈人家门口那条小水沟的水很清澈，联想到自己干活的那个砖窑土坯虽很好，却因水质不好，烧出来的砖瓦质量差。年轻人就用木桶装上小沟里的水提到窑房，试着烧了一窑砖瓦。让他惊喜的是，烧出来的青砖灰瓦质量特别好，来购买的人越来越多，与官窑有得一比。

这位年轻人就回去和老丈人商量，决定在小水沟源头挖个泉凼，在泉凼边修建一个砖瓦窑。这个砖瓦窑因这里的泉水而出名，这位年轻人靠烧窑发家致富，邻居都来他窑里干活挣钱，改善了生活。慢慢地人们就习惯性地把这个泉凼称之为窑泉。

李思岗泉

隆丰镇

李思岗泉位于隆丰镇桂花林村。关于李思岗泉的来历，还有一段传说。

新中国成立前，有个穷人家的女儿，名叫李思。因家里穷，她被卖到地主家当丫鬟。李思是很有孝心的姑娘，每月的工钱都托人给父母捎回去。一次有人捎话回来，说母亲病重，

李思岗泉

想见李思最后一面，地主婆却不准许她回去。她想偷跑回家，却被地主发现，被关进地主家后院土岗上的柴屋里。李思一心想逃跑，就用柴屋内的铁锹凿洞，没承想刚一挖，地下水就不断冒出来，吓得她赶紧喊救命。当时正是天干时节，地主正愁没水灌溉庄稼，逼长工们到很远的地方去挑水，地主婆不让长工们吃饱，有的长工挑着水，饿昏摔伤，地主家还不给医治。李思因发现泉眼立了大功，地主不仅放了

李思，而且允许她回去看望母亲。地主组织长工在岗上挖泉凼开沟引水，挖出的泉水汩汩往上冒，解决了地主家几百亩田地的灌溉问题。因这泉水是李思发现的，地主家的长工们感激李思让他们不再受挑水之苦，就都私下称这个泉凼为李思岗。直到现在，当地老百姓的生产生活用水仍用的李思岗泉的水。

泉水河

泉水河在隆丰镇境内，泉水河往东是青白江上游，有人称之小青白江。

嘉庆《彭县志》卷九载："泉水河，在县西三十里。"这里写得太简略，没有介绍详细方位。光绪《彭县志》卷三的泉水部分有这样的记载："泉水河在县西北二十五里，九陇东麓新堰子下流也。缘山麓出泉，终岁可转碾，计灌县境田约八千亩，崇宁田约二千亩。隋之陇泉县因此得名。"

泉水河

光绪《彭县志》说泉水河在彭县西边二十五里，是比较确切的数字。泉水河是由九陇山流出来的泉水汇集而成的，故名泉水河。现在，由于环境发生改变，泉水河的水已经非常小了。

泉水河西边即是九陇山脉。今彭州大部分区域在唐宋时期一直名为九陇县，即因这片山脉而得名。唐代《元和郡县志》卷三十一载："九陇县，望。西至州二里，本汉繁县地，旧曰小郫，言土地肥良，比之郫县也。梁于此置东益州，后魏改为九陇郡，取九陇山为名也。隋开皇三年罢郡为九陇县，属益州。皇朝因之，后改属彭州。"

这段记载说明九陇县得名于境内有九陇山。在九陇县之前，南北朝时期的后魏在这里设立九陇郡，隋朝才改成九陇县。

至于为什么叫九陇山，《新编方舆胜览》卷五十四有比较明确的解释："九陇山，古彭州之西山。一伏陇、二豆陇、三秋陇、四龙奔陇、五走马陇、六骆驼陇、七千秋陇、八较车陇、九横担陇，故有九陇之名。"

本来九陇山是一大片起伏不定、分合无常的丘陵，很难判断哪片山岭叫什么名字，《方舆胜览》上的说法，历来没有人深究。到了清光绪初年，吕调阳重修《彭县志》。他勘察山川，将九条陇的名称一一落实，标注在地图上。

泉水河东边，以前有一条平行的大河，名为青白江，也有人为了和下游的青白江区别，将这段称之为小青白江。这段河从关口分水，是关口山外九河之一。青白江和泉水河相距极近，往往有小的支堰连接。20世纪50年代，彭州地区建成人民渠。为了防止洪水毁坏人民渠河道，将青白江等九条河归于小石河为排水主河道。这样一来，这段青白江就成了小支渠，逐渐淡出了人们的视线。泉水河虽然在九陇山各山坳汇集泉水，但也不复当年"终岁可转碾"的盛况。

马家巷子泉

　　马家巷子泉位于丽春镇花街子社区，据说已经有两千多年历史。相传这里曾经住着岳姓和马姓两族人，岳姓是富人，马姓是穷人，多为岳家佣工。一年春季大旱，眼看节气将过，春播仍无法进行。人们请人敬神求雨无效，便想到挖泉引水灌溉。从哪里挖，却无从下手。忽听说严君平回到了家。岳地主想到严君平是当地公认的神仙，占卜算卦万事皆准，何不请他算一卦呢？于是备好礼物，叫人推着车，车上备好软垫去请严君平。到了严君平家，站在门口的小生对岳财主

马家巷子泉

说："老师不在家，明天才能回来，只留了一张条字给来访者。"岳地主接过纸条一看，上面写着"开仓济粮"。岳地主回去，通夜没有合眼。

天亮了，岳地主想通了。他叫人打开粮仓，给村上每家人分发粮食。然后又叫人推着车去严君平家，这次大门紧闭。一直等到太阳落山，岳地主正准备回家，忽听得开门声。从里面走出来一个年轻人，笑盈盈地说："老师给你算好了。"随即递过一张白色布条，上面朱砂篆文写着："西北而东南，逢圆石而止。"岳地主大喜，叩头道谢。

岳地主回到家，找人按严君平的指示，确定了泉眼的方位，村里的劳力齐上阵，日夜不停，挖了一个十丈长，五丈深的大坑。没有见到泉水，反倒挖出一块大圆石。岳地主想起布条上写的"逢圆石而止"，猜测要把石头搬开才行。众人齐心协力，终于搬开了大石头。奇迹就在这时发生了：碗口大的水柱喷涌而出。不到一炷香的工夫，整个大坑已被泉水灌满，而且水还不停地往低处流。

大家都习惯称这泉为马家巷子泉。随着时间的推移，形成了马家巷子泉水沟，鱼儿、螃蟹及水生植物在泉水沟里自由生长。

丽春镇 # 凝冰塘

凝冰塘位于丽春镇花棚社区，每年一到冬天，水塘上面就会结厚厚一层冰，因此被称为凝冰塘。每年春天，凝冰塘的泉眼会不停地往外冒泉水，水量很大，解决了花棚社区七个组的人畜用水、灌溉用水，多余的泉水汇入官渠堰。

现在的凝冰塘和古代相比，面积小了很多。听老一辈人说，这里曾经有一个占地四亩左右的泉水塘。千百年来，这一眼泉水能得到有效保护，是和花棚村这个名字的由来密切相关的。

南宋陆游在《天彭牡丹谱》中说："天彭三邑皆有花，惟城西沙桥上下花尤超绝。由沙桥至堋口、崇宁之间亦多佳品。"

沙桥至堋口、崇宁当指花街、花棚一带。这一带的牡丹"连畛相望"，花户都要给好品种的牡丹搭棚，花棚之名由此而来。给好品种的牡丹搭棚，始于"金腰楼"这一名品。"金腰楼"乃彭州牡丹异品，陆游《天彭牡丹谱》载："金腰楼，玉腰楼，皆粉红花而起楼子，黄白间之，如金玉色。"此花初出自唐朝皇宫，据传安史之乱后，明皇回宫，听伶人唱李太白"云想衣裳花想容"之句，忆与贵妃沉香亭赏牡丹情景，伤心而泣，暗使宦臣将沉香亭畔"金腰楼""玉腰楼"移栽至马嵬坡佛堂前陪伴贵妃。

此后，花户专门在泉水塘边搭棚，栽培和繁育此花。此风一开，周围花户凡有名品者，争相在泉塘边搭棚栽培繁育，有钱的还在泉塘边修了亭台。花开时节，众多名品香喷喷、红艳艳，影摇泉塘，美艳无比。游人争相观赏。还有人为花立碑，为观花搭桥，周围便出现了花碑、花桥等地名。

连井堰

丽春镇

连井堰位于丽春镇天顺村。连井堰周边连着七口呈放射状的古井泉眼，泉水汇聚后流入堰塘，故得名连井堰。

连井堰又名连境堰，因地处彭县与崇宁县边界而得此名。光绪《彭县志》载："连境堰在丽春场西崇彭二县界。青白江支流也。沿河出泉。东南流至新开河。度高简槽，共分小堰四道，灌田千九百九十余亩。"

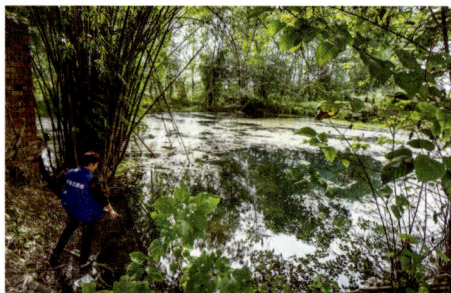

连井堰

连井堰距离彭州市中心八千米，离丽春场镇两千米。史料记载，连井堰在北宋初期就存在了。连井堰泉水清澈见底、冬暖夏凉、甘洌清甜。堰塘水中可见小鱼自由自在地游来游去，千百年来一直是周边村民的饮用和灌溉水源。

民国至今，连井堰不仅是本地村民饮用和灌溉用水的主要来源，而且能供下游的天顺村及太清乡（今致和镇）的饮用及灌溉。经过修缮，每年灌溉面积达到上千亩。每年夏季，天顺村及周边村镇的村民都会来连井堰游泳解暑。

葛
仙
山
镇

云居院泉

云居院泉在葛仙山镇大曲村大曲尺山深处。溯溪流而上，七弯八拐，登上半坡，可以看见小溪在这里有两条支流，这就是云居院泉的源头。这两小股泉水的交汇处是山中的一小块平地，一座13级白塔孤零零地矗立在中间，这就是当地有名的云居院塔。如今，云居院寺庙的其他建筑已不存在。

《新编方舆胜览》卷五十四载："曲尺山，在城北五十里。有云居院，春时游览之所。"嘉庆《彭县志》卷十四载："云居院塔，在

云居院泉

曲尺山。宋乐音王祖师建，高十三层。院西石岩内乐音王肉身至今不坏。"卷十九载："云居寺，在县北五十里曲尺山，竹木荫蔼，每阴雨时，浮岚四起，故名。寺前有塔，宋乐音王建，高十三级。"

云居院塔大约建于宋代。云居院塔身为条砖叠砌，高20.86米，密檐式13级，呈正方形，逐层内收，基座外沿用条石砌成，内部结构紧密，空心无塔室，檐角系铃，外壁涂白。2006年被列为全国重点文物保护单位。经历2008年"5·12"汶川特大地震，云居院塔安然无恙。

乐音王墓在云居院塔西北处。这片山地除了好几座略有残缺的浮屠，还有大量的圆形石块，明显都是供奉僧人骨灰的浮屠残件。

宋代王灼在《曲尺山云居寺》中这样写云居院和云居院泉水：

循溪上坡坨，溪亦因山曲。行尽高深处，招提隐山腹。
往者灰烬余，白塔但孤矗。十年闹斤斧，有此千间屋。
阿师笑相语，异事子当卜。今日钟报客，振响非人触。
病悴优婆塞，归梦到松菊。诸圣惠三昧，警我烦恼毒。
卧听夜雨喧，起看晓云族。去路犹恐迷，主人费斋粥。

可以说，是云居院的泉水引来了高僧。他们在这里建寺院，起宝塔，给幽静的曲尺山带来了灵气。

葛仙山镇 富贵泉

八十一洞若鱼贯，二十四峰相蝉联。

至今葛瓄丁东水，疑是韦皋富贵泉。

这是清代诗人李调元《纪天彭诗》中写葛仙山的句子。李调元说的，是一个久远的传说。

富贵泉又名丁东水，亦名四方井，位于葛仙山上西寨门外。富贵泉水汩汩流淌，注入一四方形水池中，泉水清澈甘甜。

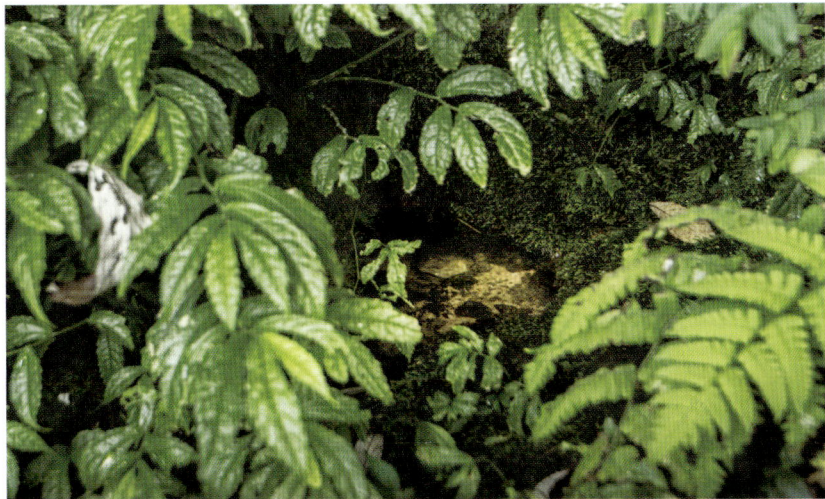

富贵泉

葛仙山主体为石灰岩，有二十四峰、八十一洞。《新编方舆胜览》卷五十四载："葛仙山有崇真观，在濛阳北四十里，二十四化之第五化也。葛仙翁、杨仙翁升仙于此得道。大同中，蒲仙翁高远复于此白日上升。梁武帝赐名上清观，刘孝先作碑以纪其事。"

明代曹学佺《蜀中名胜记》转引《云笈七签》说："葛瑱化周回岩峦，左右嵌穴，地灵境秀，迥绝诸山。故有二十四峰，八十一洞。观下有溪泉，深在谷底，汲之非便。此宫之西，过崖磴十五步，巨石下有丁东水，出于崖腹，滴入洼石窍中。中和年，刺史安金山准诏投龙郡县。参从者三百余人，忽有污触其水者，顷刻乃竭。安公与道流颇怀忧惧，夜至泉所，拜手焚香，叩祈良久。涓涓而滴，虽从骑之众，食之充足。每年三月三日，蚕市之辰，众逾万人，宿止山内，饮食之外，水常有余矣。"

白果泉

葛仙山镇

白果泉在葛仙山镇中正庵山沟向上的深山中，泉水是这条山溪的源头之一。

从原中正庵往北，顺着山溪向前，大路东边一块巨大的山石上刻着一个几米高的"佛"字，这是清光绪年间龙藏寺住持雪堂含澈的作品。这个字非常大，每一笔都有普通人的身体大。"佛"字摩崖的对面，也就是路西边，另一块石头上刻着一首雪堂含澈的诗："入山不入深，空负看山心。看山不看险，空负看山眼。我游海会堂，庶几心

白果泉

眼光。举足白云上，侧身红日旁。回观过来路，天地留青苍。"

沿溪而上，山溪一分为二，沿着往右的一条小溪再走几里山路，能看到彭州境内最大的一棵千年银杏。

银杏树又叫白果树。白果树在葛仙山镇不算稀有，但葛璝祠前面那片白果树林里的都没有这棵白果树大。这棵白果树要六七个人才能合抱，枝叶散开能遮盖一两亩地。

树左边是一片陡峭的山岩，岩石斜向上，偶尔有树木从石缝里长出来。这块岩石上有一条纵向的裂缝，一股清泉从狭小的岩缝里流出，因临近白果村，当地人称之为白果泉。白果泉水甘冽清甜，不少来白果泉游玩的人，都喜欢用瓶子盛一些水带回去。

红岩镇 正觉寺古井

正觉寺塔坐落在彭州市红岩镇红塔村白塔坝，因这里有正觉寺而得名。正觉寺始建于北宋天圣年间，清代有重修寺庙的记载。光绪《彭县志·古迹志》载："正觉寺塔，在县北四十里，慈姥山南，宋天圣中建。"如今还可依稀看到原先城池护城河的轮廓及成堆的砖瓦残片。相传白塔坝是古代金阳县县城的遗址，正觉寺为金阳县西门。

新中国成立后，寺庙改为学校，现在已经找不到清代建筑的痕

正觉寺古井

迹，仅存正觉寺塔和正觉寺北边院子里的一口古井。关于那口古井，正觉寺僧人慧智和尚说："正觉古井应该是数百年或上千年的旧物，井和寺院一样古老。"寺院几经废止，但古井一直涌着甘甜的泉水。低处的古井，耸立的古塔，一高一低相互呼应。

据史料记载，白塔坝原属什邡县和彭县有争议的辖区，清康熙四十七年（1708）朝廷命新繁、郫县、彭县、什邡四县进行会勘，以解决彭、什地界之争。会勘之后明确将白塔坝定为彭县辖区。

1980年7月7日，四川省人民政府将正觉寺塔列为省级文物保护单位。这时的正觉寺殿堂建筑已经毁坏殆尽，只剩下大雄宝殿后边院子里的正觉古井。

白石沟泉

红岩镇

白石沟泉位于红岩镇白山村。沿着白石沟逆流而上，大路尽头，往北可以看到一股清泉从山上倾泻而下，白花花的流水形成一道道微型瀑布。泉水清澈甘甜，四周树木葱茏，岩石奇崛嶙峋，大都是白色石灰岩，白石沟泉因此而得名。

白石沟泉发源于白鹿镇塘坝子，流向红岩镇。明代曹学佺所著的《蜀中名胜记》中有这样一段文字："《志》又云：治北五十里白石沟，即漓沅治也。上应房宿，治有鸿都观，下观名曰响石。《寰宇记》以漓沅作丽元，云范蠡学道于此。"意思是说，在彭县县城北面五十里的白石沟，是张道陵初设道教二十四治中的第五治——漓沅治，传说范蠡曾在这里修道成仙。漓沅治对应天上二十八宿的房宿。漓沅治共有两个观，上面为鸿都观，在今白鹿镇塘坝子北面、白石沟源头附近。下观名为响石观，在今红岩镇境内的白石沟旁，具体位置现已不可考。

嘉庆《彭县志》卷五记载："白石沟泉，在县北七十里，玉村河之分流也。源出小峡山，东流入汉州注金堂峡，下流入什邡汉州界。《名胜志》：白石沟，漓沅治也，上应房宿，治有鸿都观，下观名曰响石。"王村河后来成为湔江的关口大河。

白石沟泉是王村河的支流之一，与王村河的支流鸭子河汇合，流经广汉，最后汇入沱江。

　　清乾隆末年，名士李调元写下《纪天彭诗》十六首，其中一首《漓沅治》就提到白石沟："漓沅治里鸿都观，响石关头白石沟。高尚原来于此隐，虚传范蠡五湖舟。"诗的后面还有自注："漓沅治，范蠡学道处。"

红岩镇 刘家沟泉

　　刘家沟泉发源于白鹿镇塘坝村和红岩镇灵石村之间的山中。这里山清水秀、峰峦突兀。古时东边山上曾有灵音寺，如今遗迹已不可寻。西边是十龙山（原名石炉山），山上寺庙地基和摩崖石刻犹在。现在的灵石村由灵音村和石炉村合并而成。刘家沟上游有一分支，名为廖家沟，因当地居住着很多廖姓人家而得名。至于刘家沟的得名，当地人都说与目连戏有关。

刘家沟泉

目连戏以佛教故事"目莲救母"为题材，是在中国古代流传最广的戏剧剧种之一，南宋孟元老《东京梦华录》中就有记载。

据老辈人讲，每次酬神时，会请戏班来演目连戏，有些甚至请两个戏班子同时演，增加热闹气氛，这就是人们常常提到的"唱对台戏"。为了吸引观众，戏班子会表演一些危险性较高的杂耍和非常搞笑的剧情。目连戏的剧本很长，可以连演半个月甚至更久，有几十出甚至一百多出。

《中国民间文学集成四川成都市彭县卷》收集到四个流传在红岩镇的目连故事，其中灵石村境内主要的山沟——刘家沟，也得名于目连的母亲刘氏，沟里的泉水自然就被称为刘家沟泉了。

红岩镇 **桂花井**

　　桂花井位于红岩镇窝店村。在和窝店村合并之前，桂花井所在的村庄被称为桂井村，村名就缘于这口桂花井。关于桂花井在什么年代由何人所挖，一种说法是清代以前就有，清初来到这里的移民以这口古井为中心聚居；另一种说法是这口井是清朝初年插旗占地到红岩的移民偶然间挖掘而成的。

　　相传迁居到这里的移民在井周围栽了许多桂花树，井边有一棵千年老树，要几个人才能合抱。每年开花时节，香气四溢，金灿灿一片。桂花的花瓣飘落到井里，让本来就甘甜的井水更添香气。过去遇到旱季，周围的村民都到这里打水饮用。桂花井的泉水四季不枯，每到栽秧季节，人们还在桂花井里支起龙杆，用这口井的

桂花井

水灌溉周围的农田。

桂花井的水水质甘甜，是酿酒的上好水源。以前，附近有几个烧酒坊（酿酒的作坊）都取桂花井的水酿酒，酿出来的酒醇厚甘香。早些年，在桂花开放的八月，当地人在树下铺上大毯子，用长竹竿打落桂花花瓣，清除掉杂质和花柄，再用清水淘洗干净，加一定量的井水，放几颗乌梅进去，浸泡一盏茶的时间，以去除桂花的涩味。沥干后放少许白糖或冰糖，待糖融化后掺入白酒密封好，放置一个月，即可饮用。如此制作的桂花酒，味道清香醇美，十分受欢迎。

桂井村前些年虽然合并到窝店村，但人们并没有忘掉桂花井。这些年，在桂井村新建的居住小区仍然以"桂井"命名，提醒人们，不要忘了桂花井给人们带来的便利。

丹景山镇 天 池

从牛心山前面登山，一路直上，就到了古刹天池寺了。

天池寺内天王殿后边有一个长方形的水池，就是传说中的天池，也是天池寺名字的由来。这个池子高居牛心山顶，还能有泉水涌出，不能不说是奇迹。据说以前这个池子的水常年不枯，够一寺之用，但现在池水极浅。天池右边五观堂柱头上的一联，说的也是天池："同沾七宝池中水，尽是众香国里人。"

天池

天池长约十米，宽约五米，深有三四米。池正中架着一座石梁，人称天池桥。天池全用条石砌成，建于清光绪十九年。据说，山下的湔江水浑，山上的天池就浑，湔江水清，山上的天池水就清。

传说天池寺原名叫天赐寺，是一座古老的寺院，雄峙于牛心山顶上，是上天赐予的好地方。那时天赐寺经常缺水，在雨水少的季节，往往靠僧人到山下背水，十分不方便。

志公和尚游历到牛心山，看到这里是一个好地方，就沿着山路往寺院走。走到寺院的山门口，十分口渴，看见前面恰好有一个僧人背着一桶水在休息。志公和尚就向背水僧人讨水喝。背水的僧人见是远道而来的佛门弟子，就请志公和尚喝一点。志公和尚一点不客气，一口气把僧人背的水全部喝光了。背水的僧人急了，眼看快到山顶，再回去背水也来不及了，没有水又无法向老和尚交代。

志公和尚说："不碍事，我去向住持和尚说清楚，免得你受罚。"背水的僧人带志公去见住持僧人。志公和尚表示愿意赔背水僧人的一桶水。志公和尚在寺院的院子里转悠了半天，四处看地形。到了晚上，志公又向僧人借来一把锄头，在院子里挖，一直挖到半夜。第二天早上，寺院里的僧人发现院子正中有一个大坑，里面涌出清澈的泉水。从此，寺里的僧人就不需要再到山下背水了。这汪泉水被赐名天池。

志公和尚自己也感到与此山有缘，就留下来弘扬佛法。自从有了天池，寺院也改称天池寺。晚清时期，为了保护水源、方便取水，寺院僧人请石匠在山上开条石，将天池修葺一新。从此，天池便成了牛心山最重要的景观。

丹景山镇 螃蟹仙泉

　　螃蟹仙泉位于丹景山镇寿阳山下，泉水清澈甘甜。在没有自来水的时代，每遇老天下雨，河水浑浊，关口（丹景山镇旧地名）的男女老少都来这里取水。由于泉眼太小，取水的桶从上关口一直排到下关口。水里有一种小螃蟹，拇指大小，用以泡酒，对腰酸腿疼、跌打损伤、风湿麻木之类有奇效。

　　说起来这螃蟹仙泉还有一段有趣的故事。原来，湔江河下游从西到东分别有青白河、新润河、新开河、白土河、濛阳河、小濛阳河、马牧河、小石河和鸭子河，人称湔江九河。西面沿九陇山蜿蜒曲

螃蟹仙泉

折至成都平原，汇入青白江。青白江里有个很大的螃蟹洞，洞里有个螃蟹。据说这螃蟹虽能长生不老，但却不能成仙，需要长期修炼去掉蟹壳才能成仙。一天，螃蟹去找乌龟沱的千年乌龟，请它指点成仙之道。乌龟说："我虽然修炼了千年，但是也不能去壳，你到阳平观去，那里是神仙出没的仙居之乡，也许神仙能帮助你。"螃蟹很高兴，便朝阳平观爬去。到了天彭门，旋涡一个连着一个，水流太急，螃蟹不得不爬到岸上，正值关口庙会，人山人海。螃蟹个子小，它怕被人踩到，就变成了一只小甲壳虫落在一个朝山人的草帽上。这个人来到天师面前，把自己的心愿写在纸上，一式三份，天师给他盖上阳平都功印，口中念念有词，一份放在山上，一份埋入地下，一份沉入水中，又挥动天师剑在空中画了三圈。这时草帽上的甲虫听到"如去蟹壳需为人类做好事"的训词。

后来，湔江发洪水，螃蟹跳进江中，蟹壳变成了长长的堤坝，蟹夹变成了东西河闸，使这一带的老百姓免于水患。之后螃蟹住的洞流出了清澈的泉水，供人们饮用，泉里又跑出无数的小螃蟹，于是便有了这螃蟹仙泉。

净水池

丹景山镇

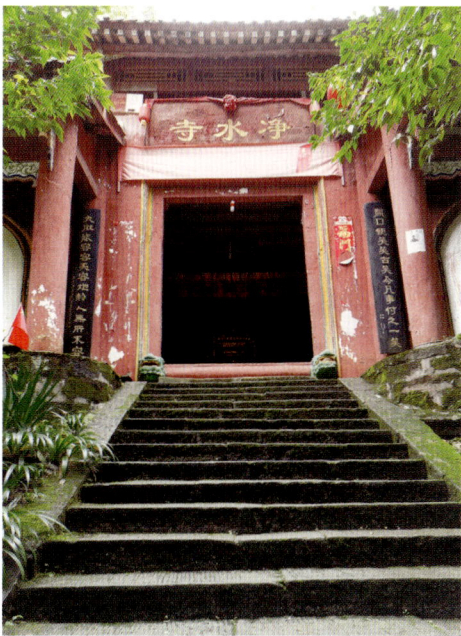

净水寺

净水池原在丹景山半山腰,今已不可见。

丹景山在彭州市西北,唐宋以来为佛、道两教名山。嘉靖《四川总志》卷三载:"丹景山,彭县西北三十里。宋韩绛记云:群山之间,风气流爽,一日之间,凡四时焉。"

丹景山上的清泉,以净水池最为有名。

净水池不仅是水池的名称,也是寺院的大号。清光绪十一年(1885)九月二十一日,黄云鹄来游丹景山,在《彭游行纪》里写道:"山路皆石级直上颇陡峻,至净水池,晤得月上人。"这个"得月上人"应该是当时净水池寺院的住持和尚。

20世纪80年代的《新兴乡志》记载:"上(丹景,引者注)山六华里为净水池，庙宇两重，幽静肃穆，庙前有四方形水池，面积约二十平方米，池水清澈，故名净水池。相传刘海蟾仙修炼于此。侧边有铁锅一口，高约一米，直径两米多，可容水四十多挑，明嘉靖年间铸。解放后大炼钢铁时也献身。"

丹景山镇 三昧泉

曹学佺《蜀中名胜记》载，至德山（位于丹景山镇双松村境内）有三昧泉，自石窦中喷出，方大如斗，不竭不溢。

该泉位于丹景山镇双松村三昧水。据四川省化工地质勘查院地质分院的检测报告，这处泉眼涌出的泉水中含有微量元素氡和硒，是国内少有的优质低钠矿泉水。

嘉庆版《彭县志》载，三昧水系三寺，在县西北三十五里。最上面的是水亭寺，半山腰为至德寺，山下为安国寺。再往下山口有一个神道阙，即俗称的三昧水石牌楼。

从山脚出发拾梯而上，西边是一片陡崖，上面刻着大大小小许多尊摩崖佛像，人称千佛崖。这些佛像的头部均已被毁。造像尚存三十七尊，千姿百态，栩栩如生。据说造像从唐、五代、宋延续至明清，不断有人丰富。

千佛崖向上即是神道阙石牌楼，建于清同治五年（1866年）。牌楼为重檐斗拱歇山式，重檐三层。牌楼上有"天垂宝盖""地涌金泉""盛唐古迹""古井泉香""古井"等石刻匾额。拱门上横额书"三昧禅林"四字。有《石坊题记》文云："……丹景之麓，彭门之右，岩列千佛，岁岁神泉，水流三昧。在兹有唐，是着灵异，浴疮体强……"

再往上走就是下三昧禅林——安国寺。安国寺据传为纪念悟达国

三昧泉

师而命名，悟达国师当年在京师的居处即名安国寺。寺旁多处泉眼连成小溪，泉声汩汩，鸟声清脆。溪旁有清朝道光年间的石碑一座，上书碑额"三昧圣境"，上面记载着三昧禅林的由来和悟达国师洗人面疮的故事。

由下三昧往上半里许，便是中三昧至德寺。这里有宋太宗钦赐的"至德寺"匾额。至德寺由三重大殿构成，今存一重雕满花纹的六棱形石柱，上有"明朝万历四十年"字样。其他碑文石刻多为清代遗迹。

由中三昧到上三昧，道路奇险。据说五代时水亭寺称广明院。前蜀皇帝王衍曾游幸于此，后人称此道为"王衍故道"。上三昧水亭寺寺院整洁，佛像庄严，正殿石壁上刊刻着宋人为悟达禅师《慈悲三昧水忏》所作的序文。寺后有圣水亭，亭上方有一崖窝，长丈余，宽约两米。有泉从崖中溢出，冬旱不干，夏洪不溢。

新兴镇 **寿阳泉**

寿阳泉

寿阳泉位于新兴镇阳平村，是一处湔江河滩涌出来的清泉，背靠老君山的支脉，面对湔江，受古老的阳平堰滋养。据传彭祖周游天下时，曾来此歇脚，饮此泉而获长寿。这里也是张道陵在阳平治修行时饮水的地方。因此，人们将这个泉眼称为寿阳泉。

阳平堰为新兴镇一条引水渠，得名于阳平治。汉代，张道陵来此设阳平治开创道教并传道。阳平治为当时道教二十四治的第一治，是第一代天师张道陵及其夫人以及第二代天师张衡修行的地方，为道教祖庭之一。如今在老君山余脉的湔江边上尚有重建的阳平观，延续着千年道脉。寿阳泉距阳平观仅数百米。

因有阳平堰和寿阳泉的滋润，寿阳泉周围的河滩经过千百年的耕耘，早已是土地肥沃、物产丰富。湔江主河道绕道东边山下。2008年"5·12"汶川特大地震中，房屋倾颓，急需重建。党和政府主持勘查这里的地形，认为此地前有平畴沃野，后有低山，又有清泉碧树，无地质隐患，便将这里划为灾后重建的统规自建聚居点。一两年间，围绕寿阳泉泉眼，星罗棋布地建成白墙青瓦的新农村院落。这个新村，即以寿阳泉为名。当地人不忘寿阳泉给他们带来的好处，将这股清泉扩宽，并用鹅卵石砌边垒沟，建成一条步行道直通泉眼，还在寿阳泉眼四周围上石栏杆，栽花种竹，让这里成为一景。

彭白公路从寿阳泉北边绕过，南边是一大片庄稼田。农家院周围种有一棵棵樱桃树，每到春季，樱桃花粉红淡白，装点道路。夏季樱桃成熟，寿阳泉边又成了红珍珠挂满树梢的地方。这些年，新兴镇一直是樱桃的著名产地，寿阳泉樱桃也有不错的名声。

2011年5月8日，汶川特大地震三周年之际，国务院总理温家宝在时任四川省委副书记、省长蒋巨峰和成都市市委主要负责人的陪同下来彭州视察灾后重建工作以及产业发展情况。他们到寿阳泉灾后重建点，当地村民请温总理品尝樱桃，温总理还在寿阳泉边上亲手种下辣椒苗。

通济镇

响水洞

响水洞

响水洞位于通济镇龙定村。宋代《方舆胜览》关于大随山"有瀑布"的文字，说的就是响水洞。响水洞所在的山溪名为响水洞沟，又名三架槽。光绪《彭县志》卷一记载："三架槽为响水洞沟源。"三架槽往东的山溪，还有四架槽、蚂蟥沟和五架槽。不过这几个山溪都在春芽村境内。

据当地人讲，响水洞是天台山和大随山重要的泉眼，山洞较大，泉水汩汩流出，新中国成立前能供几家磨坊同时用水。现在人们在响水洞的前方修建了一个非常大的水池，池中的水清澈见底，如整块碧玉。宋代诗人郭印在《游大隋山》中有这样的句子："山寒寐不成，窗外泉鸣玉。"当年郭印游大随山，晚上住的地方应该是景德寺，在响水洞西边的凤冠子（大随山）前，离响水洞不过一两里路程，晚上听到的水声应该就是响水洞的泉流发出的声音。

响水洞的左边不仅有景德寺，而且有供奉大随山历代高僧禅师舍利子的塔房和龙定庵。龙定庵在新中国成立后曾作为小学的校园，现在废弃多年，只剩下荒草树木。景德寺、塔房也已消失，只剩下响水洞的泉水还像当年一样淙淙而下，流入响水洞沟，再汇入岩鹅溪（麻柳树沟），流向湔江。

遥想千年，神照法真禅师来到大随山，一定喜欢响水洞的水；景德寺的历代僧人，多半会到响水洞取水烧茶做饭。

通济镇 **大随山泉**

　　大随山风景奇秀，植被茂密，山泉处处有之，并汇成瀑布。泉流瀑布给大随山增添了不少韵味，嘉庆《彭县志》称大随山有流泉瀑布之胜。宋代的王灼在《大隋山》一诗中有这样的句子："玩月峰深崇栋宇，瀑布岩冷清心魂。"大随山的山泉水不止一两处。光绪《彭县志》提到的大随山山溪，有响水沟、崖鹅溪、杉树沟三条。

　　且说五代时的高僧法真禅师来到大随山，住在山上一棵巨大的银杏树洞中修行，人称木禅庵。法真禅师佛法高深，人们认为他是"定

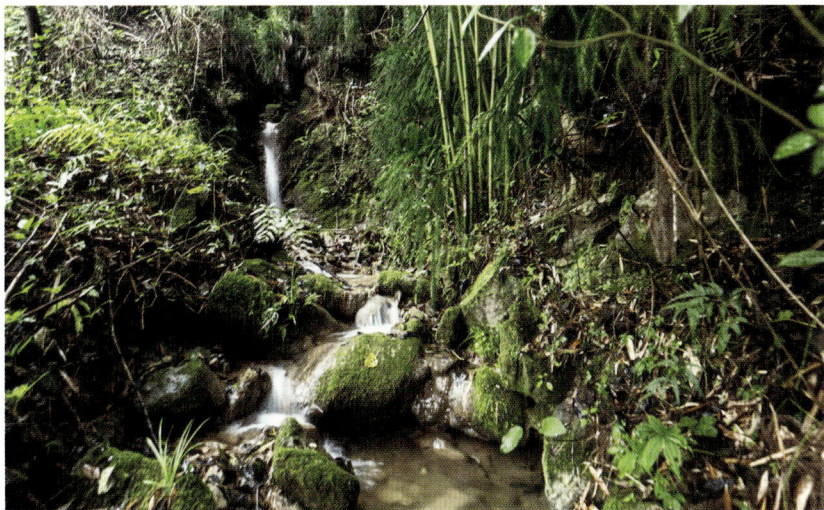

大随山泉

光古佛"转世。五代前蜀国王建请他出山讲经。法真推辞不出，王建特别赐号"神照禅师"。如今有《神照禅师语录》传世，见于《古尊宿语录》中。神照法真禅师的语录里边有一则关于"大随水"的公案：

僧人问："远闻大随水，到来则见个沤麻池。"法真禅师云："汝则见沤麻池，阿里见大随水。"僧人进云："如何是大随水？"师云："苦涩难下嘴。"进云："还吃得否？"师云："吃着便死。"

磁峰镇 滴水岩

　　滴水岩在磁峰镇滴水村境内，从鹿坪村逆流而上，没有多远就进入山口。两边山崖高耸，沟壑极深极窄。山上大都是石灰岩，前些年因开采石灰矿，已经将河道两山之间扩宽了一两倍。以前正如郦道元《水经注》中所记："两岸连山，略无阙处，重岩叠嶂，隐天蔽日，

滴水岩

自非停午夜分，不见曦月。"

进山四五里就是滴水岩。《磁峰乡志》载："滴水岩，属滴水大队境内，位于花岩以东，杉树林以西，錾子岩以北，岩中常年有飞泉滴落，故名。"滴水处在河道东边，山崖陡峭，一大片山壁上常年不断地流下清澈的泉水，如断线的珍珠一直往下落。山壁上有的地方长着厚厚的青苔，有的地方被泉水冲洗得干干净净，有沟壑纵横之趣。三十多年前，崖下往往还能看到大量疏松多空的"石山"，也有石笋和钟乳石。嘉庆《彭县志》记载："水漱石，出滴水岩，石乳年久结成者。"水漱石大概就是我们平常说的"石山"。因为开矿和开采假山用石，也为道路畅通、运输方便，这些"石山"现在已经非常稀有。

当年在山里没有通路的时候，山里深处的村民要下山赶场，只能徒步顺着溪流蹚着寒冷的河水走。新中国成立前，滴水岩地区流传着两首民谣，其中一首是："抬头一线天，脚下巴掌宽，七十二道脚不干。"第一句写山沟之深，山之高，崖之陡峭。第二句写河道狭窄，而且大部分被水流占据，能通过行人的地方不多。第三句写因河道的迂回曲折，没有道路，走不远就必须蹚水而行，"七十二"是夸张的说法。进了山沟，脚就会一直是湿的。

另外一首民谣是："团山包，滴水岩，麻布裹脚棕草鞋，结婚不用轿子抬。"滴水岩以北，两岔河西边有团山包，是一座大体呈圆形、周围被河流切割的孤立圆形山包，像一个龙珠。

因为在山沟里走，石头尖锐，加上往往多蚂蟥和其他蛇虫，这里的人蹚水而行，要在脚上包上麻布，减少受伤。麻布之外，再穿上用本地山上盛产的棕树的棕片制成的鞋子。以前的人大都自制草鞋，也因为蹚水和取材方便，滴水岩里边的乡人都用耐水的棕片棕丝制作鞋子。

至于最后一句，算是当地人的自我调侃。山沟太深太窄，河道也不平坦，连轿子这样的交通工具都用不上，就算新娘也只得委屈一下，蹚水而行。

滴水岩溪中出来的水清澈无污染，加上山深，历来是磁峰人消暑的好去处。前些年，上游的河流被保护起来，滴水岩附近成为磁峰自来水厂的取水口，全磁峰人都吃上了清澈甘甜的滴水崖泉水。不过，取水口以下的河道，仍然是本地人的乐园。

磁峰镇 | 麻柳树泉

　　麻柳树泉位于磁峰镇皇城村，在皇城山和董家山之间的山沟里。泉水从一个洞中流出，有老年人称这泉眼为毛狗洞，大约这里藏过狐狸之类的野兽。本地人称狐狸一类的动物为毛狗。早些年，这个泉眼水流非常大，顺着山间奔流而下，经过下边一片人称大岩的陡岩时，形成瀑布，在皇城村也算一景了。

　　泉眼上方有一块几十亩宽的平地，原本住着好几户人家，都姓董。因为院子下方的巨大泉眼和院子周边的其他小泉眼，这个平地也被人称为发水坪。西边两三里地之外的皇城坪上也有十来户人家。每到夏季干旱和冬季枯水的时候，皇城坪上的水井往往干涸。大家都到麻柳树泉挑水回去。这一来一回往往要一个多小时。

　　麻柳树泉得名于泉眼旁边有一棵巨大的麻柳树。据老年人讲，这棵麻柳树大概有几百岁了，和东边山梁上的香樟树都被当地人视为"风水树"。麻柳树大约要三四个人合抱，枝丫四散，能遮蔽一亩地以上。在清代和民国时期，皇城山上有几十家煤窑，需卷拱打厢，木材需求量极大，往往皇城山上大一点的树木都成了煤窑的柱头，但没有人敢打这大麻柳树和大香樟树的主意。由于种种原因，麻柳树、香樟树最后还是被砍伐了，现仅剩下的泉眼也不复当年的盛况，流量变小了很多。

磁峰镇

御封井

涌华寺位于磁峰镇涌华村，背倚高山，面对老君山，明代以前称之为定峰山。山的东边是蒲江郡主墓。据说涌华寺就是为明代蒲江郡主做道场修建的寺院。嘉庆《彭县志》有关于"莲花顶"的记载，书中的"莲花顶"就是涌华寺。嘉庆《彭县志》卷十九载："涌华寺，在县西北七十里，明成化间建，寺后有古殿一重，前有银杏一株，高八丈，围三丈，下有古井。"

涌华寺御封井

千年银杏树下方原来有一口古井，当地人称之为御封井。井水甘甜，当年泡茶迎驾蜀王，曾得到蜀王封赏。后来原来那口井被埋，人们又在旁边高处另外挖了一口新井。

涌华寺建于明代，与东边的蒲江郡主墓密切相关。蒲江郡主是明初蜀献王朱椿的第七女，正统九年卒，正统十年葬于此。光绪《彭县志》卷二"陵墓志"载："蒲江郡主墓，在县西北五十里涌华寺侧。郡主以正统九年薨。明年十一月葬。光绪四年县令张为立碑墓道前。"涌华寺大概是为守墓祭祀而建的。涌华寺现存一间明代观音殿，为歇山斗拱式全木结构建筑，全由楠木制成。据说原观音殿墙壁上有十几幅壁画，其中有郭子仪七子八婿上寿图和一些有关佛教故事的图画。这里供奉的千手观音毁于2008年地震。

现在的御封井在涌华寺的东墙边，有一个用砖石杂砌而成的石盖子遮蔽井口，避免树叶等杂物掉落进去。石盖子上面早已长满青苔、野草。

蒲江郡主墓近在咫尺，自然有历代蜀王及蜀王府的后人前来祭拜。这口井的水因此添了灵气，至今滋润着周边的土地，为村民提供生活用水。

白鹿镇 | 五龙洞泉

　　从白鹿镇水观村往东沿溪流直上，一路怪石幽洞、深溪古树，奇景不断。顺着蜿蜒的山路到塘坝子，有一大块高山中的平坝，四周浅峰错落，是一个桃花源似的地方。有人怀疑《周地图记》中记载的那个猎人追赶鹿子进入"小成都"的故事不是虚构的，就发生在塘坝子。塘坝子最有名的景点就是五龙洞。

　　五龙洞是一座石灰岩溶洞，高数丈，宽的地方也有两三丈，洞口平坦，上面垂挂奇形怪状的石钟乳。一大股泉水从岩洞深处流出。顺

五龙洞泉

着清澈的泉流蜿蜒前行，百米开外的地方透出一圈光，乍现一个圆圆的漏斗状天坑，四壁陡峭不可攀缘，岩上挂着藤萝蔓枝。泉水是从下方一个高差不及半人的洞中流出来的，洞幽深不可测。

在史籍中，这里的山名为"五龙山"，洞名为"五龙洞"。《蜀中名胜记》"彭县"条目下记载："五龙山有神溪水，仙人李伯阳登山嗽之，今为溪源。山高数百丈，延袤二十余里。山麓有洞，旱时祈雨，巫者初入，握火烛之，行少顷，足而望，悬崖中有斧凿痕如井，深数十丈，牖一线之明，而烟焰袅然上冲，谓之天生眼。至此少偃息，复入第三四五六洞。洞下重渊，深不可测。盛夏水冷如冰，以编竹筏寝其上，逡巡蚁附而入，抵第七洞，龙所穴也。始用符咒取水，盛竹筒而出。离洞口，即有风雷随之，而雨作焉。间值洞中水壅，巫者多不得出。"

五龙洞求雨的故事不仅古代地方志中有记载，到了新中国成立前，还常有人在天旱季节背着香烛来这里求雨。传说有求必应，非常灵验。

话说清光绪年间，黄云鹄来彭县游历，听说五龙洞的风景独特，便邀众人前来观赏。他把这个经历写入游记《彭游行纪》中。同行的诗僧雪堂作了一首《题五龙洞》，认为五龙洞山色兼有三峡的秀挺和峨眉山的空灵：

秋高重访葛仙峰，乘舆寻幽到五龙。
三峡三峨同峻秀，一岩一洞各玲珑。

当年黄云鹄等人进入五龙洞看到的情形应该与现在大不相同。他们还能在洞里采到石菖蒲，现在已经看不到了。现在进洞的道路扩宽了，能够到达黄云鹄游记中没有提到的天坑。

白鹿镇 冒水洞

　　白鹿河是彭州山内九溪之一，也是白鹿镇境内最大的河流，其最主要的源头是位于白鹿镇三河店村的冒水洞。这里往东沿山脊与什邡市交界，往西北与龙门山镇相邻，是天台山的分界地。嘉庆《彭县志》认为这里是琅岐山，其卷五载："琅岐山，在县西北九十里。《一统志》作两岐山。《寰宇记》：在九陇县西北二十七里。李膺记

冒水洞

此山出木堪为船本。琅岐山语讹为两岐山，在白鹿山北，延袤三十里，乃五龙、天台分劈处。故曰两岐。"

从白鹿镇沿白鹿河主干逆流而上，在半山腰处有一个小小的水潭，就是冒水洞。小水潭里有数股清泉往上冒，卷起干净的河沙，在水面形似数朵水莲花。泉水清洌，水潭周边竹木环绕。冒水洞的水让三河店的人最先受益。三河店村地域广阔，多为山地，良田熟土少，当地大面积种植药材和树木。三河店村人口不多，离白鹿镇也最远，仿佛一片世外桃源。

白鹿镇 洗肠池

洗肠池位于白鹿镇原白鹿寺天王殿内。现白鹿寺已消失在历史的尘埃中，洗肠池也已不复存在。

白鹿寺作为寺院，凿泉建池原属平常。古代寺院多是木结构，需要防火，而且有一汪清泉，还方便人们来此放生。洗肠池的特异之处在于"洗肠"二字，这其中大有典故。

传说白鹿寺由晋代高僧佛图澄肇始。宋代《新编方舆胜览》卷五十四载："白鹿山，在濛阳县西北二十里。有大乘金觉禅寺，本晋佛图澄所建。"嘉庆《彭县志》卷十九载："白鹿寺，《通志》：在县北八十里。今按寺在县西北六十里白鹿山，晋时僧佛图澄所建。古金阁寺之故基也。"

关于佛图澄，《晋书》有传："佛图澄，天竺人也。本姓帛氏。少学道，妙通玄术。永嘉四年，来适洛阳，自云百有余岁，常服气自养，能积日不食。善诵神咒，能役使鬼神。腹旁有一孔，常以絮塞之，每夜读书，则拔絮，孔中出光，照于一室。又尝斋时，平旦至流水侧，从腹旁孔中引出五脏六腑洗之，讫，还内腹中。又能听铃音以言吉凶，莫不悬验。"这个传说中的佛图澄非常神奇，简直就是一个超人。

大概因传说白鹿寺为佛图澄所开建，后人将他的洗肠神迹附会在这里，就有了这个洗肠池。清光绪十一年（1885）九月二十二日，四川按察使黄云鹄过白鹿寺，留下这样一段文字："（白鹿，引者注）寺有洗肠池，相传佛图澄洗脏腑于此，《北史》载其事，惟不言在蜀中。"

《思文公社志》对白鹿寺及洗肠池都有记载，大略如下：

> 旧时，思文场上场下鹿鸣桥左侧，一大水田边一道迤逦至白鹿寺。山门前有一大草坪，登上十八级石梯，寺门前石狮子一对左右排列，横挂一匾"白鹿寺"。下书黄云鹄书。两边对联系乡人杨白鹿书："人尽皆僧，那堪苦海三千丈；我原是佛，曾住灵山六万年。"寺门内右侧塑哼哈二将，左侧塑和尚骑白鹿，和尚名白云禅师，持缰执鞭。白鹿三蹄着地，一蹄起，像开步走的状态。进寺门呈现晋佛图澄禅师洗肠池。池形方正，周围石栏杆，三十三根石圆柱，上为八卦形，下为圆柱体。池内放养有千年乌龟，背刻"放生"二字，用朱红涂抹。若连日下雨，池水上涨，龟浮游出，人们捕获，仍放池中。

这里漏载了池边原有清同治八年新繁龙藏寺方丈雪堂含澈上人所书的"洗肠池"大字石碑。

新中国成立后，白鹿寺大雄宝殿改建为湔江煤矿办公区，天王殿一部分改建为思文学校，只残存洗肠池。又经过几十年变迁，如今洗肠池也看不到了。含澈上人所书的"洗肠池"石碑还保存在后面山边的一处屋檐下。

《思文公社志》还记载：

> 白鹿寺方丈室后有一古井，深数丈，是寺内和尚汲水处。传说洪化年间，一夜和尚汲水，突然凭空飞来一把宝

剑，剑长约六尺，剑柄长数寸，寒光逼人，插于井中。经和尚传出，各地游客争相前来观看。由于来人甚众，寺内饮食负担困难，又恐来人太多踏坏井壁，影响寺内用水，遂刻一石剑立于井旁，供游人观赏。

这个故事也不是空穴来风，嘉庆《彭县志》卷四十一载"石剑，在县西六十里白鹿寺中，有石倒插如剑，号飞来剑"说的就是这个故事。

小鱼洞泉

小鱼洞境内南端有丙山，山中有丙寅沟，沟中有一洞，人称小鱼洞。泉水从此洞流出，水清澈冰凉，从前以盛产拙鱼而闻名天下。清乾隆年间，诗人李调元来此，看到小鱼洞流出的泉水，写下《小鱼洞》：

> 四里坡而下，有洞泉淙淙。
> 转腹细若螾，出口奔如龙。
> 悬崖崎嶀处，喷薄溅翁茸。
> 散为百斛珠，如米跳自舂。
> 坐令鱼误饵，逐队争唼喁。
> 谅无额可点，徒与乖供饔。
> 我欲批其鳞，窟深不可踪。
> 恐触饕餮怒，叹息姑尔容。

这首诗对小鱼洞泉作了全方位的描绘。

清道光年间在四川任职的山东人王培荀在《听雨楼随笔》一书中有两处提到小鱼洞泉，也提到泉水中的拙鱼。第一处是这样的：

> 拙鱼，出彭县西北七十里小鱼洞。其源有山名琅岐，
> 空中，深邃莫测，即弥蒙水也。中多细鳞鱼，极脆美。每风

小鱼洞泉

雷将雨，衔接而出，得其首出者，续取以千百计。大者径二
尺余。首出者惊脱，则余不复出，土人谓之拙鱼。山半风云
涌怒雷，相衔入网那知回。源深疑接银河水，不向天孙乞巧
来。此鱼与山羊群随为首者相似。

第二处将这种鱼和雅州嘉鱼并举：

丙穴鱼，其穴向丙，故名。昔出褒水，今汉中，不属
蜀。而蜀中出丙穴鱼，不但雅州，闻彭县大鱼洞、小鱼洞、
什邡河中俱出嘉鱼。细鳞少刺，味极肥美。咏之云：穴居深
处水冥冥，忽见银鳞跃浅汀。向丙还应先去乙，好将烹法付
庖丁。

人们将这种产于幽洞冷泉中的鱼称为丙穴鱼，又称嘉鱼。晋左
思《蜀都赋》说："嘉鱼原出于丙穴，良木攒于褒谷。"唐杜甫赞之
曰："鱼知丙穴由来美，酒忆郫筒不用酤。"可想见其鱼之嫩、鲜、
美。据传小鱼洞下有暗河，通向都江堰石瓮社区（土溪河上游）的石
瓮子水下溶洞和都江堰伏龙观口。丙穴由来的说法有两种：一是因
洞口及周围山川（包括整个小鱼洞地域）形似篆文"丙"字，故而得
名。正如郦道元《水经注》所记："穴口向丙，故曰丙穴。"二是居
于南方，按《易经》八卦方位，南方谓之丙丁火，此穴处于丙方处，
故曰丙穴。

任豫《益州记》说："嘉鱼似鳟，蜀中谓之拙鱼。蜀郡山处处有
之，从年年石孔出，大者五六寸。"陆游《梦蜀》一诗有这样两句：
"堆盘丙穴鱼腴美，下箸峨眉栮脯珍。"宋代陆佃撰《埤雅》赞之曰：
"鲤质鳟鳞，肌肉甚美，食乳泉，出于丙穴。"由此可见，丙穴嘉鱼历
来被人称道。

响水洞

龙门山镇

龙门山响水洞

　　龙门山响水洞位于龙门山镇九峰村，距沙金河约一千米，由马蹄槽（山名，因马蹄草长遍山沟而得名）树林流出的山泉水汇集而成。因旧时人们用泉水做水磨动力，泉水从水磨流出时发出叮咚水声，响水洞由此得名。

　　响水洞泉水为低温冷泉，常年水温保持在9℃左右，水源环境优良，曾被西南航空选作专用水源。据当地村民介绍，响水洞泉水比周围饮用水的水质更好，水烧开后水壶都不会起水垢。如今，响水洞的泉水是九峰村灾后重建安置小区东林佳园的水源地，也是彭州市响水洞水业公司的取水地。

鸳鸯双瀑

龙门山镇

　　鸳鸯双瀑位于龙门山镇九峰山。

　　九峰山以九座山峰而得名，海拔大都在三千米上下。嘉庆《彭县志》记载："在西北百六十里，至此奇峰地依天，耸然峙列者九，实为彭邑诸山之冠，故名。"书上还有这样的记载："九峰东北白清龙、朱雀、火焰、天牙，中日背光，西南曰仙人、黄龙、元武、白虎诸峰，逶迤蜿蜒。"

　　九峰山是中国佛教名山，前代情形已不可考，明代初年，资中人无遐禅师来此开宗立派，到清代初年形成临济宗九峰派。明万历年间，无遐禅师圆寂，彭县进士边维垣为之作《九峰无遐禅师塔铭》。从那以后，九峰山寺院林立，海会堂、清凉寺都是在这个背景下建立起来的。山上还有接引寺、祖师殿、雷音寺等。

　　从山下二仙桥往上走，一两千米就可到达古刹海会堂。旧海会堂木结构建筑早已毁于火灾，又经历了大地震。现在的建筑是2008年以后逐步修复起来的，前面乔木掩映，后面高峰层叠，气势逼人，一条山路隐现于峭壁密林之间。

过海会堂再往上攀登一两千米，便是清凉寺遗址。清凉寺经20世纪八九十年代重修，没能挨过2008年的特大地震，变成一片废墟。由于本地已经不具备重建的地质条件，故移往附近的团山村异地重建。清凉寺遗址旁是著名的双瀑布，又称鸳鸯双瀑。之所以名为鸳鸯双瀑，是因为有大小相伴的两道瀑布。小的一道瀑布藏于灌木丛中，时隐时现，水声汩汩。大瀑布从峭壁上飞流直下，声若雷鸣，水花四溅。当地人将小的一股在灌木丛中时隐时现的瀑布比作含羞的少女，大的一道瀑布则比作强壮勇猛的汉子。"鸳鸯"之名由此而来。

瀑布下的水潭，当地人称之为螃蟹沱，是因为潭中有一岩石形似螃蟹。潭水清澈见底，水底处处可见五颜六色的卵石。螃蟹沱掩映在翠绿的树木青草间，色若翡翠，故又名翡翠池。潭口怪石林立，姿态万千。

螃蟹沱为原清凉寺提供生活用水。可以说，没有螃蟹沱，就不会在此建寺院。这里也是登九峰山的徒步线路之一，游览的人来到这里，都要俯身喝一点螃蟹沱的甘泉。

岩峰沟泉

龙门山镇

岩峰沟位于龙门山镇三沟村。跨过白水河与沙金河的三岔口，就能听见岩峰沟瀑布的轰鸣声，看见升腾的水雾。这里为凤鸣湖南岸，接近沙金河与白水河交汇处，对面为连盖坪，或称銮驾坪。三沟村境内共有三条大沟，分别是岩峰沟、小水沟和大水沟。三沟村也因此而得名。光绪《彭县志》称之为"岩风沟"，县志记载："岩风沟水自天彭右肩两源合西流注之。"

岩峰沟旁边有一条古老的登山道，连接着天台山和儿峰山诸多寺院。这条道路从通济镇麻柳树沟开始，经龙定庵、木禅庵、华光寺、天台寺，过白雀寺北上，沿山脊下鸡心包或经宝印寺，过沙金河，到对岸接引殿（今莲池寺故址），再往前就是九峰山。

岩峰沟水流一路向北，急转直下。这里山高岩陡、树深草密，在上游两条支流汇合后，形成数道瀑布。岩峰沟沿途瀑布众多，龙吟瀑、飞天瀑、五龙飞瀑是其中较大的。

岩峰沟泉

第二辑

泉水风物

彭州市地处川西北，北部大部分地区为丘陵和山地，南部为平坝。湔江和土溪河从山区流向东南，归入沱江。山区植被茂密，除部分丘陵，其他地区地下水资源丰富，每条溪水源头及沿河多有泉水。《华阳国志·蜀志》中说："繁县（彭州在汉代为繁县属地，作者注），郡北九十里。有泉水，稻田。"水稻为彭州平坝的主要农作物，需要大量水资源灌溉，每到河流水量不足时，往往需利用丰富的地下水。故《华阳国志》把"泉水"和"稻田"作为本地的地理特征。《都江堰人民渠志》载："泉堰又称自流泉、出口泉塘，多建于地下水溢出带或埋藏较浅的地区。早在汉代已见开发利用。到清代晚期，泉堰已成为市区域主要灌溉设施之一。"

彭州的泉水除了灌溉，还是本地一大景观。《新编方舆胜览》卷五十四载："夏冰泉，在（彭州，作者注）城北骆氏家。池水清莹，为避暑之地。"这是说宋代彭州城北的骆家有泉水名为夏冰泉，泉水清澈，是当时的避暑胜地。

湔江的水流虽然丰沛，但这是季节河，往往农业用水时节流量小，夏天却发大水。光绪《彭县志》卷三说："邑田，堰水不足，资泉流灌溉者十四五，凡去堋口（现丹景山镇，作者注）已远皆是也。"这里是说，彭州的水田，依赖泉水灌溉的十有四五，凡是离堋口远一些的地方都难以灌溉到河水。

彭州平坝的泉水除了生活用水，其他的主要就是灌溉。彭州地区的农业灌溉主要依靠自然河流，如湔江，其次依靠泉水。直到新中国成立、人民渠建成，依靠泉水灌溉的局面才有所改变，但是人民渠北边的大量地区还是依靠泉水。人民渠建成，湔江九河分散流水改为小石河集中排洪，改变了彭州地区的用水情况，此后泉堰也有所减少。

泉水在彭州地区发挥着重要的作用，除了滋养大片田地之外，还形成了许多独具特色的物产及美食。彭州泉水滋养了彭州一代代人民，让彭州物产丰富、人杰地灵。

井泉和院落

◎ 高光俊　杨本民

彭州地处川西山区和平坝交界处，有"六山一水三分坝"之说。
在彭州平坝地区的房屋，清洁水源成了住宅选址的最重要考量。

葛仙山田园风光

彭州的主要河流是湔江。在人民渠建成以前的千年岁月里，在先民的努力下，将湔江在平原上分为九条河流，就像受到管束的巨龙。虽然如此，这九条河流也是喜怒无常的家伙，常常春天水量不足，夏秋有时发洪水，冲毁田园。清朝时，有一年，老罗家场就被马牧河冲得干干净净，只剩下一个地名，场镇不得不搬迁。因此，彭州平坝的人家一般不会选择临河而居，离远一点才安心。这样，在靠近泉水的地方建成院落，就成了平坝地区的常规。

有院落就有林盘。星罗棋布的农家院落，高大的乔木、竹林，清澈的泉水与周围耕地等自然环境有机融合，形如田间绿岛。这种特有的川西坝子农居景观，在全国独树一帜。

或瓦房，或草房，掩映在竹林树木之中。临近泉边的人家会在水边放上一块石板或者石块，早上蹲在上边，用木瓢盛水，然后提着装满水的木桶，弯进不远处的厨房，开始一天的忙碌。有的人家自己打了口井，砍一根竹子，系上木桶，伸进井里打水。他们觉得，早晨在泉里、井里挑水，新的一天就开始了。那林盘会冒出袅袅炊烟，炊烟里，有麦草、竹叶、树叶的味道，更有腊肉特有的味道。

习惯成自然，某个地方的泉眼名字便成了地名，并沿袭下来。斗转星移，尽管林盘权属发生过变化，但地名还是被人们记在心里。新兴镇的海窝子社区，磁峰镇的滴水村，小鱼洞镇的鱼洞村，敖平镇的凤泉村、鹤泉村、紫泉村，葛仙山镇的张泉村，升平镇的玉泉村、莲泉村，致和镇的龙泉村、观泉村，九尺镇的鹿鹤村，濛阳镇的泉沟村，三界镇的凌泉村等，都是因泉水而得的村名。

泉水林盘，在旧时成为同姓宗族聚居的自然院落。乡民生于斯，葬于斯，更成为了"慎终追远"的情怀之地。它包含着丰富的民风民俗文化，很有湔江农家的特点。

特别值得一提的是三界镇北泉村谢家泉（现更名谢恩泉）周围的谢家院子。据当地老人讲，在清代中期，姓谢的大户在此发现了大股

敖平镇一碗水泉

泉水，于是就在泉眼旁边建起院落。这个院落现在只剩下几间房子，略显破败，但依旧可以窥见当年雕梁画栋的模样。

千百年来，人们临水依山聚居，表现出他们利用自然、适应自然的大智慧。近些年，城镇化进程加快。有林荫、泉流、小径、农舍的院落正在快速消失，同时消失的还有凿井而饮、击壤而歌的闲适生活。

泉堰岁修习俗

◎ 杨本民

彭州水资源开发很早，《华阳国志》记载，繁县（彭州古时属繁县）"有泉水，稻田"，说明那里的人们早就开始利用泉水从事农业生产。为了更好地利用泉水，还需要修沟挖渠、引水入田。地沟渠长久使用，难免会有泥沙淤塞，无法保证生产用水，因此就需要年年修沟淘堰，保证泉水长流不息。在经久的岁月积淀下，人们慢慢形成了约定俗成的泉堰岁修习俗。

岁修泉堰是一件很辛苦的事情。泉水引出后，为保护好这个得之不易的水源，根据地势，有的会修成暗渠，有的会修成明渠。有的暗渠是用圆石卷拱修的，一般五百米左右会有个渠眼。

泉堰岁修规约不一，推举堰长专门负责泉堰的岁修，堰长一年一任，民间称其为堰首。岁修由堰长先行垫付经费，完工后按照实际田亩，照比例摊收。有的泉堰岁修在开工时，每亩摊收十元。若岁修工程小，则由受益户负担材料。有的岁修经费每亩收两元。每年的水钱，在白露、秋分前，由各粮户交给堰长，以引水的长短按亩数收取，筒车田减收一半。泉堰以每年11月至次年3月为岁修时间，人尽其力，地尽其利，物尽其用，淘沟筑堰所需之工，上等户加倍征工，中等户自备伙食，下等户由乡公所准请补给伙食。

堰长负责沿途农田用水的事宜。他定时巡查沿途渠道有没有堵塞，计算下半年需要多少人工，再按照各家各户的灌溉面积估算出需要多少人工修堰。到了下半年农闲时节，便通知用水的各家各户出人，带上锄头、钉耙、箢篼，到指定的农家住下。参加修堰的人，一般是壮劳力，也有较小的孩子。修堰的人拿着锄头、箢篼，弯腰进去将堵塞的小石子、泥土装进箢篼，再拉到渠眼处，由上面的人用绳子拉上来，倒在旁边，再把箢篼丢下去，继续挖堵塞的石头、泥土，直到清理干净才算完工。下面挖的人与岸上拉的人，需要调换进行。他们每天集中一起吃饭，都是大米干饭，还有些硬，据说是为了扛饿。

各家各户用水也是有规矩的。泉堰渠道较深，农户用水需要自带木板挡水，或者用石头断水。堰长在这里点上一炷香。这炷香有长有短，是按照农户农田的亩数定的。若是香燃完了，便会在进水的地方撒上谷壳，告诉农户不能再用水了。农户便抽掉木板，或者挖掉断水的石头，让下面的农户用水。

也有一些农户不按规矩继续用水，有的还用其他方法偷水。堰长在巡查时发现后，便在偷水的地方留下记号。当天傍晚时分，应该用水的农户在堰首的组织下，敲锣打鼓地来到偷水处，挖掉田坎放水，然后扬长而去。这样的做法，是堰长每年都要告诉大家的，若出现挖田坎放水的情况，表示这家农户不懂用水的规矩，应该得到这样的惩罚。

历来沿用的提水工具主要是龙骨车、筒车等。龙骨车有牛车和人力车两种。人力车有四人头、三人头和两人头的脚车以及手车四种。手车长八尺至一丈，由两人扳手柄转动齿轮提水。脚车长一丈两尺到两丈四尺，人们坐在车架上两脚轮换蹬木柄带动齿轮转动提水。有的渠水泉凼需用两三架脚车分级做接力式提水，耗工更多。

提水灌田，俗称车水。人力车水极为劳累，要点香计时，分两班对换。每遇久旱无雨，全靠车水救苗，熬更守夜是常事。车水很费力，经常汗流不止，除妇女外，多是赤膊穿短裤，蚊虫叮咬，用手拍打，俗称"打肉莲花闹"。夜晚到处是灯笼火把。农人常说："不怕活路脏与累，就怕车水不得睡。"

牛车，各地都有，都修有圆形尖顶的车房。房内装设能转动的大木圆盘，驱牛拉盘转动，盘上的木齿带动横轴转动龙骨车提水。牛车水箱长两至三丈。

筒车，有人力与水动两种。水动筒车是将带有很多水筒的有轴大圆盘立放于流水中，水力冲击转动圆盘，使盘上固定着的斜置水筒能依次盛水入筒，待盛了水的筒随盘转过最高位置后，其筒口始朝下，"倾水入渠"。人力筒车提水十分费力。人力爬车提水时，人站在圆盘中，头戴斗笠，身披蓑衣，手扳车架，脚蹬车盘犹如在大雨中艰难步行。农民戏称为"洋耗儿爬车车儿"。

民堰各沟设分水码头，俗称平梁，按各沟水量以尺、寸、分、厘分到水沟，沟按各户用水量轮次用水。各民堰都有堰规。有的堰还经官府勘定立碑为记，若违反，轻则罚工，重则罚唱木偶或大戏一两天。虽有堰规，但因水源奇缺，分水难平，埝与埝、沟与沟、农民与农民之间争水恶斗之事常有，告到官府打"水官司"者，年年都有。

泉函水车及其他

◎ 高光俊

在电动机尚未出现的中国古代，智慧的古人发明创造出各种木、竹、石机械，如木船、石磨、石碓、水碾等。应用在水利灌溉上，最突出的就是水车。明代的《天工开物》和《农政全书》中就有各种水车的详细制法。民国以前彭州地区在农业灌溉上，都能因地制宜地制作各种样式的水车，以适应农业发展。嘉庆《彭县志》云："彭邑旱田山田，凡河堰不能引注者，或用筒车取水灌溉，或资泉水自然流灌。又有冬日积水田中至春栽种者，或于高处设塘注水，俟栽种时决灌，亦有于泉塘内用龙骨车、戽斗取水，人力倍多，随时设法。"大概是说，本地凡是河堰不能灌溉的地方，有的用筒车取水，有的依靠自流泉灌溉，有的让稻田冬天积水备用，有的挖筑水塘储水，有的在泉塘里设龙骨车取水或使用两人翻水的戽斗取水，不一而足，因地制宜。《军乐乡志》载："其中单靠车水的田占半数以上。车水工具主要是牛车、足车和手车。车的长度一般是三至四丈，只有人力手车长度一丈左右。车型多样，如冒龙车、槽车、龙骨车。车水全靠人力和牛力去完成。"

人力车水相当辛苦，遇到旱季，前前后后要车水七八十个昼夜。这个时段，农民全家老幼都要轮班劳动，直到嬉完第二道秧子。平坝地区流传着一首《车水谣》：

> 有女莫嫁小堰田，
> 嫁到小堰田，
> 裤儿磨烂完。
> 白天要车水，
> 晚上要纺棉。
> 遇到老天干，
> 铺盖裤儿要车完。
> 养儿要打单身汉，
> 养女出嫁没陪奁。

以前在大河边，往往能够看到筒车。筒车是一种利用水流的力量将低处的水引向高处的工具。它的主体是一个直径约三米的圆轮子，上面有一圈竹筒和挡板，轴心用结实的木棒横着支撑，支于架上。因与泉凼引水关系不大，故略说。

彭州平坝地区地表水和地下水丰富，往往找准地脉即能凿井出泉，据光绪《彭县志》记载，自流泉即有上百处。有的为了把自流泉引向高处，有的自流泉因年深日久，地下水位下降变成井泉，有的不能自动涌出地面的井泉，都需要水车帮忙。

为了适应泉流灌溉，将水流引向高处的竹木工具统称为水车。按形制可以将用于泉凼的水车分为龙骨车、冒龙车、桔槔、辘轳、龙杆，其中龙骨车和冒龙车都有用畜力带动的。新中国成立前，彭州平坝地区特别是湔江诸河的远端，处处可见车房取水，车杆高起，直指天上。传说抗日战争时期，日本飞机打算轰炸彭县城，看到郊区四处林立的水车房，以为是防空高射炮，遂不敢冒险，随便丢几颗炸弹就回去复命去了，彭州因此得以保全。

龙骨车

龙骨车，又称槽车，用人踏的人力龙骨车，也称踏车。因为它的主体有部分是如自行车链条一样的一圈木头链子，每个关节上有一片木板刮水，形如传说中龙的脊骨，因此称为龙骨车。龙骨链条放在斜行向上的方形木槽中，故又称槽车。龙骨车一般呈四十五度角左右安装在水凼与水槽之间。

龙骨车

根据需要提升水的距离，确定链条的长度。每一节龙骨链条由一尺左右的比较结实的杉木木棍组成。木棍一头制成开叉的形状，另一头削成开叉中间的宽度。然后在两头都打上孔，用来穿销子。木棍的中间穿上一片方形木板作为刮板，与木棍垂直，且固定。使用铁销子将数十个一模一样的木棍木板联合体连接起来，首尾相接，就成了龙骨链条。

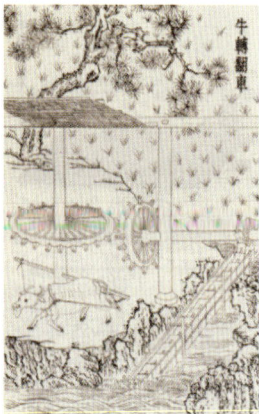

牛拉龙骨车

根据龙骨上木板的大小，制成三面水槽，尽量使龙骨上的木板刮板与水槽吻合。提升水位斜面的长度决定水槽的长度。水槽下方安装一个较小的木头齿轮，齿轮两边的支点固定在水槽上，也就是一根结实的木棍上穿进两根木枝，长短大小以刚好能拨动龙骨为宜，每根木枝转动时恰好穿进一节龙骨挡板。水槽上方左右各直立一根木桩做支点，支点上安装一个和下边相似但略大的木齿轮，要求也和下边的一样，木枝与龙骨刮板要吻合。木齿轮左右两边再穿上各一个至少有四片扇叶的踏板。木齿轮两边支点向上至少一人高，上面安装一根横木，以方便踏水的人支撑身体。一般还在上边盖上简易草棚遮风雨。

这样，两个人在上面踏动叶轮，带动龙骨，刮板就把下方的水逐步向上刮起，让水流到前方的水槽里。

如果要把这种龙骨车改为畜力的，就需要将上边齿轮一边的轴加长，与平轴垂直安装一个一米左右的木圆盘，圆盘上均匀地安装上木齿。木齿轮的旁边装上一根可以转动的立轴，轴上安装一个大的木齿轮。大的木齿轮与水车旁边支出的木齿轮成垂直状态，且齿轮互相咬合。当水平大齿轮转动，带动立齿轮转动，也就带动了龙骨车，这样就可以引水上岸了。水平木齿轮下方立柱轴上穿一根水平长杆，系上牛，让牛围绕着立柱转，动力便有了。

冒龙车

冒龙车原理与龙骨车相似，是专门引深井水的装置，《天工开物》等书中没有记载。因井比较深，人力往往不足，冒龙车大都采用畜力。与用牛围着立柱轴转来拨动垂直方向的木齿轮的方法是一样的，故不再详述。用水平齿轮带动垂直齿轮这样的做法，以前有个专用名词，叫"车碰车"。

选一根粗实、端正、笔直的杉木，从中间剖为两半，细心地将内部掏空并打磨光滑，然后将两半木料合起来，用铁环扎紧，涂上黏合剂，确保破口不渗漏。这样，一根管子就制成了。仍然如制作龙骨车的龙骨一样，用数十根长短、大小、形制一样的短木棍首尾连接。这些木棍不仅一头开叉，另一头削扁，都打上穿销的孔，而且每一根正中腰打一个孔，穿上一根短点的木棍，再用牛皮制成数十个直径一样的圆片。牛皮圆片圆心穿洞，套在短木棍腰间。圆片四周均匀地打四个小孔，呈十字形。小孔各系一根结实的小绳索，另一头全系于短木棍一端。几十个这样的木棍皮圈用销子连接起来，按需要的长度，首尾相接，就制成了封闭链条。这个链条穿过杉木管子再连接起来，总长度要比杉木管子长两倍多一点，因为上下要套上齿轮。将杉木管子井里部分的下方安装一个木头齿轮，这个木头齿轮要固定在杉木管子上，再固定在井里。木头齿轮套上带牛皮圆片的龙骨。杉木管子垂直安装在井上，上方水平方向安装一根轴，轴一端连接着垂直于地面的木齿轮，连接着牛拉的"车碰车"。水平轴在杉木管子上方安装一个木齿轮，套上带圆片的龙骨链条。每一个圆片因为四周用细绳子向上拖着，形成了一个个活塞。当牛拉动齿轮，一个个圆片鱼贯而出，就带起了井里的水。出水口下方连接着一个水槽，将水引向井外。

龙杆

龙杆是一种最简单的提水灌溉工具。因其简单，所以提升的高度有限，一般适合两米以下的坡坎。龙杆由两部分合成。一根两米左右的大斑竹，将内部打通，并将竹节内都尽量削光。在底部安放一个阀门，只能向内打开。阀门一般选用软一点的二十厘米左右的木头，上边的部分削成和竹筒下部内圆一样大小，使两者能够密合。木头从中间掏空，成筒状，上面钉一片比筒壁内圆略小的圆牛皮，只固定一方，以方便其作为阀门开合。木段的下头削成斜口，方便进水。这样就制成了阀门。将阀门安装在竹筒下方。另外取一段比竹筒长些许的结实木条，前段捆扎一块比竹筒内径大一点的圆软牛皮，边缘钻孔，系上小绳子，固定于木条上。圆牛皮正中打小孔让木条通过，固定在尖端扎紧。木条左上方装一个十厘米左右的横木段，方便手持。这样，龙杆中心的活塞就制成了。

将龙杆放入水中，靠于坡坎上，将活塞放入，并倒入些许水让活塞撑起。活塞向下推送时，底阀门关闭。当活塞向上拉动时，水被吸起。连续拉动活塞，水就引上岸了。

戽斗

戽斗

戽斗是两人配合使用的简单的提水装置，也不算水车。用篾片编成一个直径两三尺、中间略尖的扁平圆锥体，类似斗笠。戽斗四方边缘各穿一根绳索，两人一组，同时提两根绳子从低处铲水到高处。

桔槔

桔槔、辘轳及吊杆

彭州平坝地区取饮用水往往使用桔槔。

桔槔，俗称吊杆、称杆，是古老的汲水工具。《庄子》一书中，抱瓮老人的故事就提到了桔槔。它是在一根竖立的架子上加上一根细长的杠杆，当中是支点，末端悬挂一个重物，前段悬挂水桶。当人把水桶放入水中打满水以后，由于杠杆末端的重力作用，能轻易把水提拉至所需处，十分省力。

桔槔的结构相当于一个普通的杠杆。在其横长杆的中间由竖木支撑或悬吊起来，横杆的一端用一根直杆与汲器相连，另一端绑上或悬放一块重石头。不汲水时，石头位置较低，位能亦小；汲水时，人用力将直杆与汲器往下压，与此同时，另一端石头的位置则上升。当汲器汲满水后，就让另一端石头下降，石头原来所储存的位能转变。这样，汲水过程中的主要用力方向是向下的。由于向下用力可以借助人的体重，因而大大减少了人力。这种提水工具，是中国古代社会的一种主要灌溉机械。

辘轳形制简单，是从杠杆演变来的汲水工具。井上竖立井架，上装可用手柄摇转的轴，轴上绕绳索，绳索一端系水桶。摇转手柄，使水桶一起一落，提取井水。据《物原》记载："史佚始作辘轳。"史佚是周代初期的史官。

辘轳的制造和应用，在古代是和农业的发展紧密结合的，它广泛地应用在农业灌溉上。辘轳的应用在我国时间较长，虽经改进，但大体保持了原形。

吊杆则更简单，用一根长竹竿，在前端系上水桶，伸入井里，装上水后低头两手互换将水桶提起。本地有个谜语："朝天一炷香，吊起甩叮当"，谜底就是吊杆。

话说撑竿水

◎ 熊荣禄

在彭州城周边的农村，为满足城市居民生活需求，一般以种植蔬菜为主。种菜用水，除利用流经菜地的少数自流泉沟渠之水外，生活用水和浇田用水基本上靠深井取水。取水方式大多采用撑竿"扯水"的方法，老百姓都叫"撑竿水"，彭州土语把从井里取水叫"扯水"。往日彭州城周边有许多菜园子的水井都架有撑竿，就像高射炮一样。

何谓撑竿？就是用两根长六七米的杉木杆，相距一米左右，垂直埋稳在距井坎边约两米的地方，再用两根略短的杉木杆，呈三十五度角撑住垂直的杉木杆，用抓钉或棕绳固牢交点，下端入土埋稳，在垂直的杉木杆顶端架一根能转动的横杆，横杆居中位置，再用一根长杉木杆纵向架在可转动的横杆中间。杉木杆顶端斜拉下来与井口中心对准，然后用棕绳把杉木杆与横杆牢牢固定后，形成杠杆支点。再用多股细棕绳拴在杉木杆顶端，棕绳下端用一根可略超过从井口到达井中水面长度的竹竿。竹竿上端与纵向杉木杆上的棕绳紧紧系牢，竹竿最下端开一个对穿方孔，方孔中系一段打死结的棕绳。棕绳折回打结后的长度，以能套住水桶的桶梁，再穿过竹竿方孔，轻松反套在竹竿方孔下的竹头为宜，成为杠杆力臂。最后，要在杠杆重臂的一端（杉木杆的粗端）用废石磨之类的石块配重，使杠杆形成失衡状态，系竹竿的那一端始终指着天空。"扯水"时，只需把竹竿（力臂端）轻轻下拉至井口，用棕绳套住木桶的桶梁，再穿过方孔，把棕绳的环反套在竹头上后，"扯水"人双脚分开，踩在井口石板上，双手交替着把竹竿往井下水面压。水桶到达水面后，用手左右摆动竹竿顶端的棕绳，桶口倒向水面，"扯水"人顺势下压竹竿，桶里很快被水灌满。"扯水"人迅速将竹竿往上提升，借助杠杆配重石块的下降，一桶洁净的井水便"扯"了上来。不到三十秒的时间，即可"扯"一桶水，一点不累人。倘若是"扯水"灌田，只需把"扯"上来的水，顺着井竿往上升起之势，用右手扣住桶底一抽，水就倒入井坎边的小沟流入田中，很轻松，一两个钟头即可浇灌一大片菜园。秋冬季节，还可以利用井坎边上的"水茅厮"储备田间用水，冬旱春旱时浇菜也有水用。

由于彭州城东清平致和一带地下水充足，挖地两米即可出水，井都不深，"扯水"无须架撑竿，直接用一根两米长的竹竿，头上打个对穿方孔，用一段棕绳套住竹竿和桶，很快就能"扯"一挑水，满足人畜用水。老百姓把这种"扯水"的方式，称作"竿竿水"。不过，自从人民渠建成后，清平、利安、人和、致和境内，一般情况下，是不会从井里取水灌田的。若遇大旱年月，则从一些泉凼里车水灌田，或用人力从泉凼里挑水浇田。

20世纪70年代以前，彭州县城里也有两架撑竿，一架在西街吴家祠（现为西街花鸟市），另一架在小南街彭师附小仅一巷之隔的刘家菜园（现为四川省都江堰人民渠管理处）。那时候，这两处都是私家菜园，两架撑竿都是为便于提取地下水浇菜地而架设的。小南街刘家菜园的撑竿，仅用于浇田、洗菜和生活用水；西街吴家祠的撑竿为"杨豆芽"所有。撑竿水除浇田、洗菜等生活用水外，每天还要淘洗豆芽。随着城市改造，这两处菜园和撑竿早已不见了踪影。

彭州泉水与物产

◎ 高光俊　刘光元

泉凼、鸭子、板鸭

九尺板鸭是九尺镇的特产，也是彭州市的名小吃之一，享誉四方。

九尺镇地处彭州城东南，交通便利，是连接什邡、广汉、濛阳、新繁的要道，自清代以来就商业发达。湔江支流濛阳河、黄土河、白土河穿过九尺镇，奔向东南。因这里是湔水支流的下游，每到农业用水季节，上游沿河取水，使得水流到九尺镇地界时就不够用了。故往

九尺板鸭

往靠泉水补充灌溉用水的不足。湔江水流丰富，涵养了九尺镇的地下水，往往能掘地得泉，九尺镇便有了"泉水小镇"的美名。

九尺镇的泉水丰富，稻田泉凼都是养殖鸭子的好地方，新中国成立前四里八乡的人家都以养殖鸭子为副业。九尺镇的鸭子和鹅在这样一个水源干净、虫鱼食物丰富的环境中生长，肉质鲜美，鸭肠鹅肠香脆可口。在秧苗还浅的季节，不能让鸭子进入水田糟蹋秧苗，于是人们将它们用竹篱圈养在泉眼周围。鸭子们就在溪流里寻找鱼虾为食，或在溪边晒太阳，或在泉眼旁边大丛的芦竹林下面乘凉。秧苗长高后，这些鸭子就可以进入秧田觅食。稻田养鸭成了九尺地区人们的重要产业，以前农民几乎都利用泉水稻田养殖肥美的鸭子。九尺街上的商家以这些优质鸭子为原料，制成的九尺板鸭、卤鸭、鸭头、鸭脚远近闻名，九尺镇也因此被誉为"板鸭之乡"。

九尺板鸭分干板鸭、卤板鸭两种，做工讲究。干板鸭加精盐、香料浸渍，再烟熏、风干；卤板鸭则晒干后烟熏，然后选用多种香料卤制。经过多年的积累和创新，九尺板鸭逐渐形成自己独特的风格，不仅在成都平原，就是在全国也是独一无二的，成为彭州的传统美食。2014年，获得国家地理标志商标。

清泉、小麦、锅盔

地处马牧河和小石河边上的军乐镇，旧名军屯，这里盛产一种小吃——军屯锅盔。军屯锅盔的出现，与历史和地理都有关系。

军屯属湔江冲积平原，土地肥沃，光照充足，物产丰富。同时水资源丰富，这块平畴适合小麦和水稻轮种，每年稻麦两熟。这里的气候非常适合小麦的生长，制成的面食都有泉水的甘甜。清朝初年，大量陕西等外地人涌入军屯乡，本地还留下宁羌营这样陕西样式的地名。

这些陕西移民来到本地，保持了吃面食的北方传统，带来了陕西制作各种面食的手艺，加上本地出产优质小麦，面饼等面食的制作就更加精益求精。军屯锅盔就是在这个背景下产生发展的。传说军屯马牧河边是三国时期蜀国屯军的地方，已

军乐锅盔

经有了制作面饼的传统，加上陕西移民带来的制作面食的手艺，到民国时期发扬光大。后来经一位姓马的锅盔师傅加以总结，在新中国成立后传给了很多徒弟。后人都称此人为"马锅盔"。马锅盔制作出酥皮饼、软心酥、小糖饼、牛舌头、黄鳝馍、混糖馍、长条油线子、万卷酥、千层酥、扭结子、烘片等各种样式的锅盔。前些年，军乐镇办美食节，还特意制作了一个一米大的特大锅盔，可谓锅盔中的王者。现在锅盔制作的方法相较以前有所变化，味道越来越好，形制花样反而不如以前多了。

名泉、名花、名茶

但凡提到牡丹花，大家就会不约而同地想起"天彭牡丹蜀第一"。一旦品茶，茶友们忘不了堋口的仙芽，都知道它是中国的古茗第三，而且随着茶神陆羽的名字漂洋过海，扎根日本。然而，有谁知道这些名花、名茶全赖彭州的泉水浇灌润养出来的？

说到彭州泉水，今人的印象恐怕不那么深刻。但它在历史上可大有名气，响亮得因它而设县治。据北宋《舆地广记》、民国《四川郡县志》和山东大学王仲荦著《北周地理志》等记载："明帝武成二年

彭州堋口茶

（560）废东益州和繁县。九陇郡改隶益州，下领九陇县及新设置的青阳、陇泉县。"1989版《彭县志》记载："陇泉县——据四川省水利电力研究所郭发明等撰文论述——因位于九陇山下，泉源旺盛得名。"这是一千多年前的南北朝时期，彭州浩大的山地很多地方涌泉吐水，且水势很大，泉涌成河。

古湔山，石灰岩质的山岭中，到处涌动、奔流着清澈优质的泉水，汇流几十里的山泉奔流成碧绿的翡翠长带——白水河、玉村河。玉村河经彭门口分东河、西河。东边的古时叫鸭子河，为三星堆的母亲河。西边的古时名湔江，即湔山出水之河。

相传北宋年间，有包文正之称的廉吏赵抃任成都府时，见湔江水洁净，便感叹地说："为人应如此江清白！"后人为纪念这位清官贤吏，便将湔江改名为青白江。除了洪水季节，青白江都是漫江碧透、满河清澈。它顺九陇山南下，一路流经若干名泉，如三昧水、龙窝子泉、龙洞泉、涌泉、肖家泉等，外加一条跟随十里的泉水河（《彭县志》有载）汇入，水质纯净且水源丰富。

彭州因茶业贸易的繁盛而建堋口县，在历史上极为罕见。它与因泉设县的陇泉县一道成为彭州的独宠，同时也彰显彭州茶的极高地位。天下皆知，四川人优哉游哉、无比闲逸，且对品茶情有独钟。这些茶客皆知好茶耐泡，挨煮且香高，味清爽、清新。这就要求有好水来把难出的高香激发出来，以便香味在品尝者的舌尖滞留，久之有甘甜、清爽、浓醇的厚味。试想，彭州没有好泉，怎能煮出天下名茶？古代陆羽和金头陀禅师就是用三昧名泉煮出堋口茶的名气而著于《茶经》中的。20世纪90年代中期，四川省林科院品茶专家用三昧水同品峨眉竹叶青、蒙顶玉露和堋口仙芽，分别把它们各自味、香、色的潜质都浸泡出来。名泉泡名茶，泡出了别具一格的潜质：高香和舌尖的回味。而彭水泡彭茶，表现更加优秀。

天彭门右首有一座山，叫寿阳山。寿阳山山顶海拔千米处有个"仰天窝"，窝里碧泉森森，与对面牛心山天池，像极了仙子的两汪碧眼，忽闪着多情的眸子。相传彭祖就在这里用仰天窝泉泡煮该山野茶而活了八百岁。这山后人叫它寿阳山，这茶后人叫它寿阳茶，这水后人叫它寿阳泉。因沾了仰天窝仙泉的灵气，周围几十里的茶场都叫仙居茶园，有泉水的地方也跟着叫寿阳泉或长寿泉。

倒叙了茶与泉的关系，我们再回头看看泉与花的缘分。

20世纪90年代中期，中国牡丹专家李家珏、赵孝知等一行几位老师前来考察天彭牡丹。他们看到牡丹的山野味浓，有些许激动，但当关口平坝的几朵彭州紫摆在面前时，这些专家异口同声地夸赞："美得极致！"

为什么平坝牡丹超过了山地花？这还得在陆游的《天彭牡丹谱》中找答案。

《天彭牡丹谱》花品序第一目录记载："崇宁中，州民宋氏、张氏、蔡氏，宣和中，石子滩杨氏，皆尝买洛中新花以归，自是洛花散于人间，花户始盛，皆以接花为业，大家好事者，皆竭其力以养花，而天彭之花，遂冠两川……至花户连畛相望，莫得其而姓氏也。天彭三邑皆有花，惟城西沙桥上下，花尤超绝。由沙桥至堋口、崇宁之间，亦多佳品。自城东抵濛阳，则绝少矣。"陆游从花盛的原因说到盛花的地域。此地的花带，从沙桥（现丽春镇）伸延至埔口（丹景山镇关口），下至崇宁（今唐昌镇），"连畛相望"，一片花海，而"城东抵濛阳，则绝少矣"。紧接着在花释名篇中解释淡色胭脂楼"色稍下，独勾氏花为冠"。我们不难看出，当年天彭牡丹主要分布在丽春镇，并以该地为中心，往北直通丹景山关口，往南可至北君平和郫县的唐昌、唐元以及新都新繁等地。这条线就是开篇提到的青白江流域。为什么"艳冠两川"的天彭牡丹会分布在这条青白江流域呢？

这得从牡丹自身的生长特性说起。

牡丹与兰花一样，是肉质根，但它不同于兰草的是它属于木本植物，因此它"喜润不喜湿，喜干不喜燥，喜洁不喜污"。青白江流域的土壤是疏松的沙土，浸水性强，夏秋雨季不易湿根，像无病害的兰花根呈白褐色。沙土保证了根系环境湿润中的干，而不是燥。"燥

天彭牡丹

土"没营养孕苞，即使有苞也没营养供至花开。要保持沙土的润和养分，必须勤灌水肥。如果水质不好，水中的污垢就会随着灌水堆积在土壤中，多灌就会厚积污垢，就会影响花质。青白江大多是泉水，经清泉浇灌生长的牡丹自然比山区泥地湿壤生长的牡丹健美而娇艳，所以出现"连畛相望""花尤超绝"的奇美世界一点也不奇怪！

历代彭州人是幸运、幸福的，因为饮用的是泉水。彭州茶、天彭牡丹是幸运的，因它有名优佳泉的滋养呵护。彭州被誉为"天帝会昌之国，英灵秀出之乡"，大概就是因为它地域内涌动和奔流的清清泉水吧。

泉水与香花醋

◎ 邓启君

敖平香花醋

自古彭州多泉。彭州的许多农作物都是用泉水灌溉出来的。以这些农产品为原料生产的酿制产品，具有异于其他同类产品的特质和功用，深受世人喜爱。彭州的名优特产香花醋就是一例。这香花醋不光用来调味，还像茶、像酒一样，可品，可饮。其高品质之源则在泉水。

香花醋产于敖平镇，注册商标即"敖平"。敖平牌香花醋以当地泉水浇灌的大米、糯米、大麦、小麦等粮食为主要原料，配以桂枝、公丁香等名贵中药材，以及陈皮、小茴香、甘草、花椒等十余种香料，用独特的木槽发酵，精工操作酿制而成。制作精良，口味纯正，醇香浓郁，营养丰富，久存不生花、不变味，并有预防感冒、帮助消化的功效，多年来赢得了消费者的信赖和欢迎。1980年在四川省名特食品展销会上被评为同类产品第二名；1988年获成都市食品评比银杯奖；1992年获四川省、成都市两级"消费者喜爱商品"称号；1996年获成都名特优新博览会金奖、"四川市场畅销商品品牌"称号；1997年获四川省食品工业优质产品奖；1988年至1996年连续获得"成都市食品卫生质量信得过产品"称号。敖平牌香花醋坚持以"质量第一、用户至上"为宗旨，靠信誉求生存，以优质求发展，1988年至1996年连续获得彭州市、成都市两级"重合同、守信用单位"称号。

香花醋的灵魂是泉水。没有泉水灌溉出的农产品作为原料，没有泉水贯穿整个酿制过程，没有用泉水做主要原料，香花醋不可能有以上特质和荣誉。

香花醋的原产地彭州敖平镇，多天然泉眼，随处可掘地见泉。清咸丰年间，外省移民刘氏的后代刘忠旺，家住升平乡清泉寺，以贩醋为生，先后贩过保宁醋、老陈醋、唐昌醋、蓝家醋等名醋及各地小作坊生产的醋，并多次到阆中等厂家了解这些厂家的用料和用水情况，掌握了各种食醋的酿制过程。

刘忠旺掌握了基本制法后，开始在敖平建造作坊酿醋，最后用泉水灌溉生产的本地原料，使用当地特有的泉水，综合各家技术，制造出了与众不同的香花醋。慢慢地，酒席上不饮酒者，以醋代之。

敖平香花醋以其特有的醇香传世，是其他醋不能替代的。离开了敖平周边的泉水，便失去了香花醋的灵魂。特别是在酒席上直接饮用这一习俗，更是其他醋无法做到的。刘忠旺的醋问世不久，刘家醋便名声大振。他根据自己产品的特点，琢磨出一个招牌叫"福寿醋"。据传，这招牌是刘忠旺因梦而得的。刘忠旺掘井引泉的当天，梦见醋坊的醋缸内盛开了一朵五彩鲜花，发出阵阵奇香。花中升起一位手持拂尘、慈眉善目的老寿星。老寿星对他说："刘忠旺，你忠厚诚实，我给你送福寿醋来了。"刘忠旺正要跪谢，忽然梦醒。老寿星不见了，但头脑中的寿星形象依然清晰，便马上请画师根据梦境绘出福寿图，用这图形作为福寿醋的招牌。

刘忠旺离世后，其子孙继承了福寿醋的酿造技术和诚信经营的家风。一直到1956年公私合营，才将刘家醋坊改为敖平酿造厂，用香花醋代替福寿醋标识。后又更名为"敖平香花醋厂"。一百多年来，香花醋一直坚持原料不变、工艺不变、泉水酿造的传统不变，因而始终保持固有品质。

敖平镇夜合泉

纸厂沟泉与造纸

纸厂沟位于磁峰镇，纸厂沟的得名，是因为这里在新中国成立前有纸厂。纸厂利用山上丰富的"百家竹"造纸。嘉庆《彭县志·物产卷》说："纸，天台、磁坪、五龙山中多竹笋，出林时，匠者采以作纸。细者名化连，粗者名土连。充用至广。"文中说的"磁坪"就是磁峰。

传统造竹纸，需要三个条件，一是大量的清水泡原料竹、煮原料、漂洗；二是石灰石烧成生石灰泡原料；三是有大量的优质原料。纸厂沟三个条件都具备，出现纸厂就很自然了。

纸厂沟泉在纸厂往上的半山腰。纸厂原有两个，老纸厂距泉眼较近，也在半山腰，不知什么原因，纸厂后迁往离山脚近一点的一个平缓地带。以前这里有烧石灰的地方，烧出的生石灰专供纸厂泡原料用。平地上挖出大大小小的长条形水池，里面注满清水，浸泡着竹原料。据老一辈讲，有一位姓方的人在这里负责为纸厂"烧黄锅"。"黄锅"是什么东西，都说不清楚，连这两个字是怎么写的也不确定，只相当于记下这两个字的音。据说"黄锅"至少有一丈大，不知道是用什么材料制成的，里面装满了水，就像一个烧石灰的窑子。如果"黄锅"里全是冷水，需要连续烧火一个月，水才能烧开。估计纸厂造纸随时需要大量的热水，才一直烧这个比较笨的"锅炉"。

据说这里制造的连纸质量非常好，作为书写和印书的纸张，销路很好。大概是西法造纸技术普及，造纸的价格也降了下来，这个纸厂因没有价格优势，才最终停办了。只留下纸厂沟泉这一地名，让人不时想起此地曾经的辉煌。

泉水与名人

檀木泉边一代鸿儒吕调阳

檀木泉位于天彭镇檀木村，一代鸿儒吕调阳从小便在泉边长大。

吕调阳，字晴笠，号竹庐，彭县人和乡檀木村（今天彭镇檀木村）人，生于清道光十二年（1832）。

吕调阳少年勤奋好学，聪颖机智。家庭生活清苦，更激励他刻苦攻读。他常挑灯夜读，通宵达旦为寻常之事。功夫不负有心人，弱冠即考取秀才。同治三年（1864），参加乡试，一战中举，名扬乡里。后来，调阳两次上京参加会试。一次因在沿途考察山川地理、风俗民趣，悠游于泰山，误了会试之期；一次因长途跋涉，到京带病应试，中场病发而退出。

他上京应试，因家庭经济条件差，只好独自背负行囊，徒步而行。见者多怜惜，而他浑然不觉，反而尽情领略地舆之妙，江河水经之源，风土人情之异。他应试发病未果后，便绕道江浙，尽赏江南水乡之美，并收集古籍，满载而归。从此，他便淡泊名利，再未上京应试。他曾说："时穷节乃见，不经盘错，焉得成人。"他埋头著书以度时光，以教书育人为己任。

光绪年间，吕调阳负责县城的九峰书院，并任彭县敖家场的凤楼书院主讲。他知识渊博，精通经史，他不仅讲授传统国学，而且兼涉历史、地舆、训古、考证等多种学问，这是其他教师望尘莫及的。因此，他的学生知识广博，多有作为，不少人有诗文或著作传世。其中贺维翰便出自其门下。吕调阳长子兰也通地舆，绘有彭县、什邡舆地图，为桑梓作出了贡献。

晚年，吕调阳寓居县城外北龙兴寺西面的惜字宫（新中国成立后改为北城小学，后为彭县仪表厂），潜心著作，不问他事。其注《易经》之时，闭门不出，废寝忘食，历时十九个月。

光绪四年（1878）夏季，张龙甲在彭县任知县，重修《彭县志》。张龙甲总纂，吕调阳协纂。不过世人皆知，总纂实为吕调阳。吕调阳亲笔撰写了"山川""田功"等分志。修志时，吕调阳夜以继日、辛劳备至，不到半年即修成光绪《彭县志》。这部志书流传至今，实为吕调阳之杰作，是彭县难得的宝贵历史文化遗产。他撰写的这部方志受到《四川通史》编写者的充分肯定，称他"对地方志中的山川志、城邑考订十分慎重，忌恨穿凿之弊"，赞誉他为"四川第一位研究古文字和青铜器铭文的人"。

光绪八年（1892），吕调阳受聘编纂成都、华阳两地方志。测绘地舆伊始，吕调阳即患病。返彭后，于当年七月十二日卒于城北惜字宫寓所，享年六十一岁。

一代鸿儒吕调阳学识渊博，著作等身。他的著作多收入《观象庐丛书》。

悟达国师与三昧水

悟达国师（809—882），名知玄，字后觉，四川眉州洪雅县陈氏子。他在彭州修建了安国寺、至德寺和水亭寺，并设坛讲经，弘扬佛法。其著作《慈悲三昧水忏》是一部颇有影响的佛教忏文，是继《梁皇忏》之后的又一忏文杰作，被僧众、善男信女视若珍宝，深受东南

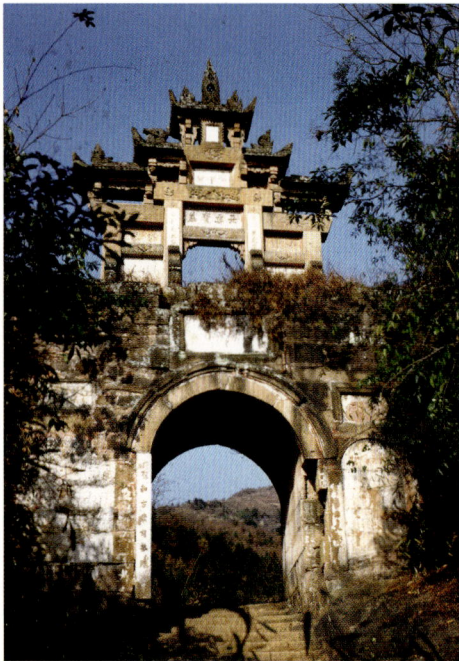

三昧水

亚乃至世界各地佛教信徒的推崇。

知玄自幼聪明，喜读诗书，博闻强识。十一岁出家，刻苦钻研佛学。因才思敏捷、悟性高，所看经书过目不忘、倒背如流，且深解个中三昧。十三岁便学有所成，登堂讲经，普度众僧。众僧惊其早慧，称其为陈菩萨。知玄在净众寺从辩贞律师受具足戒，复随安国寺信法师学唯识，又研习外典，博通经籍百家之说。

在三昧水水亭寺正殿石壁上，刻有宋人为悟达禅师《慈悲三昧水忏》所作的序，讲的是悟达国师到彭州九陇山三昧水泉边，为人洗面、面疮痊愈的神奇故事。

悟达国师在双松地界修建了安国寺（下三昧）、至德寺（中三昧）和水亭寺（上三昧），并在此弘扬佛法、普度众生，为百姓医治病痛。此间悟达国师还曾驻锡龙兴寺。

唐僖宗为避黄巢起义之祸，于乾符末年逃离长安，到蜀避难。此间曾至宝光寺，夜见宝光寺某处有奇异之光，问随从均不得解。有人举荐彭州三昧水悟达为此事释疑。僖宗传旨召见悟达。悟达以为此处之光为佛舍利祥瑞之光。宝光寺于是在发光之处建佛塔，以供奉"灵光"，今宝光寺塔即原来之唐塔。

悟达国师于唐僖宗中和二年（882）圆寂，享世七十三岁，行僧腊五十有四。九陇镇三昧水有悟达国师墓，人称国师坟。今人又在中三昧寺右前下方山坡上新建了墓塔。

黑龙泉与牟联城

黑龙泉位于军乐镇黑龙社区，社区即因黑龙泉得名。光绪《彭县志》卷三曰："黑龙泉在场西南岸，灌田数百亩。"

清代末年，黑龙泉附近有一位著名的人物，名牟联城。牟联城字媚川，生于清道光二十七年（1847），卒于民国九年（1920）。

牟联城自幼聪慧，好读书，但因家贫，无钱供他读书，他一边教书一边读书应试。当他考取了秀才的功名以后，就专心以教书为生。他虽然只是一个秀才，但是博学多闻，在当地声望很高，成为一方著名的私塾先生和名士。远近不少优秀的少年都投到他门下学习。最令当地人称道的，是他门下出了一位进士、四位秀才。

贺维翰就是牟联城门下的进士。贺维翰是光绪甲辰科（光绪三十年，1904）第二甲第十名进士，选翰林院庶吉士，光绪三十三年（1907）授翰林院编修。这是清代彭州地区考得最好的进士。牟门下四个秀才，除了军乐本地的唐银生大秀才、唐明轩幺秀才，还有苟秀才和叶秀才。苟秀才为了方便就学，在牟联城家煮了几年饭，边工边读，后考取了秀才，成为另外一个传奇。

民国年间，彭县文人，如白水河的吕白和、民国二十四军秘书长何一书、彭县简易师范学校教师朱庆余、著名教师钱因之、敖平名士白香阁，都曾学习于牟联城的私塾。

与泉相关的村名

 彭州地势西北高，东南低，中间有湔江流过，形成一个扇形平原。无论是山区还是平原，地下水都非常丰富，形成大大小小的泉凼、河沟、堰头。本地人称地下冒出泉水形成的小水池为泉凼，由泉眼或一系列泉眼组成的泉流为河沟，从一处冒出泉水的地方修筑引水渠为堰，这个大量冒水的泉眼则称为堰头。原彭州的很多地名因境内泉水而得名，后随着合乡并镇或村庄合并，因泉得名的地名大幅减少。今从现存的地名说一说彭州市各镇留下的有关泉水的印记。

檀木社区

 原天彭街道檀木村，民国时为人和乡二十三保，新中国成立之初因境内有檀木泉，始名檀木村。村名几经变迁，1984年复称檀木村。人和公社改称西郊乡，后来并入天彭镇。光绪《彭县志》云："檀木泉在县西少北五里，灌田三百亩。"清代彭州地区著名的学者吕调阳即是檀木村人，他不仅是光绪《彭县志》的主笔，而且著书二十余种，刻为《观象庐丛书》。

白马社区

原天彭街道白马村，在新中国成立前为人和乡第二十保，新中国成立之初名秀水村，后因境内有白马泉，改为白马大队，1984年改称白马村。光绪《彭县志》云："白马泉在檀木泉北里余，灌田三百亩。"这里也是一片平坝，主产水稻、油菜和大蒜等。

三沟村

三沟村在龙门山镇东北部，与白鹿镇三河店村隔山而望，在凤鸣湖边上。这里在民国时期属于宝兴乡第五保，因岩峰沟、大水沟、小水沟三条山溪穿境而过，且全都流入湔江，故名三沟村。岩峰沟有瀑布轰鸣，风景独特。三沟村地形以中山为主，有大片林地，主产黄连、茶叶、药材。

龙怀村

龙怀村在新兴镇中部，因龙怀沟而得名。龙怀沟发源于黄连坡，临近原定山村的金城寺，山溪蜿蜒十来里出新兴场南，汇入湔江。距龙怀沟口不远，隋朝即有法会禅师来此建成龙怀寺。唐咸亨年间，王勃来蜀地旅行，曾在此作《益州九陇县龙怀寺碑》，使龙怀寺名传千年。清康熙年间，龙怀寺重建，民国年间不乏名流高士流连于此。新中国成立之初寺尚存。

金沙村

金沙村在九尺镇东部，新中国成立前属九尺乡第九保，新中国成立后更名九村，后为六大队。1980年地名普查取消序数命名，因境内有金土地和沙包堰，更名为金沙大队，后称为金沙村。沙包堰是九尺镇有名的泉堰头，据传是当地建堰时堰头以泥沙堆积而成。光绪《彭县志》卷三记载："蔡家堰在县东三十里北，有沙包堰，灌田千亩。"

鹿鹤村

鹿鹤村在九尺镇西部，民国年间属升平乡第六保，1953年划归九尺乡，更名为十五村。1980年因境内有鹿鹤堰，更名为鹿鹤大队，1984年称为鹿鹤村，主产水稻、油菜、萝卜、川芎、烟叶。

泉沟村

泉沟村地处濛阳镇西南角，东临濛阳镇青江社区，南临濛阳镇三王村，西临新都区清流镇，北临濛阳镇白土河村，2015年由白泉村和深沟村合并而成。这两个村原属于竹瓦镇，地处濛阳镇西南。白泉村在民国年间属于竹瓦乡十二保，因境内有泉眼细长，名为白鹤颈泉，故1984年定名为白泉村。原深沟村在原白泉村北，民国年间为竹瓦乡十三保，因境内有地名为深沟坎，故名深沟村。这里主产水稻、大蒜、油菜等作物。

麻柳村

麻柳村因境内的麻柳树沟得名。2005年杉树村和岩鹅村、梓桐村合并成麻柳村。原杉树村在通济镇东北部，因山溪杉树沟而得名。杉树沟是麻柳树沟东边的一个分支，北面是灯杆坡，南面是万家山，杉树沟泉即发源于两山之间。这里在民国时期为通济乡第五保，地形以中山为主，林业资源丰富。麻柳树沟在光绪《彭县志》中称为"岩鹅溪"。

花溪村

花溪村位于通济镇西北部，2005年前后由花拱村和甘溪村合并而成。原甘溪村因甘溪沟而得名，1991年前曾名为干溪村。地形以低山为主，有一长山环抱的小块平坝，因此兼有水田和山地。干溪沟发源于大坪山，为天台山前的一支，光绪《彭县志》卷一云"天彭右翼长山夹甘溪而南"，即指此溪。《大明一统志》和《读史方舆纪要》说彭州关口山内诸河流，有名"乾溪"的，指的就是这个甘溪。

姚家村

姚家村原属思文乡，1992年思文乡撤销并入通济镇。姚家村在思文场以南，因姚家沟而得名。姚家沟发源于尽头山西边的一支，蜿蜒流出，汇入白鹿河。民国时期属新兴乡十五保，1975年划归思文乡。姚家村属中低山，以林地为主，盛产竹木，共有三岔沟、凉姜沟、姚家沟、碓窝坪等几处自然村落。

涧安村

涧安村在通济镇中部，民国时期为思文乡第二保，1992年并入通济镇。涧安村因涧槽沟和安家梁子而得名。涧槽沟发源于万家山东边，流入白鹿河。光绪《彭县志》卷一云："徐家岗分脉向东南曰土地岭，折南曰小土地岭，岭北为涧槽沟，东注白鹿河。"涧安村地形为中低山，兼有水田、旱地、林地。

兴泉村

兴泉村位于敖平镇北部，东靠凤泉村，南接紫泉村，西靠人民渠，北接红岩镇窝店村。兴泉村2005年由原石泉村和曙光村合并而成。原石泉村在敖平镇北面，新中国成立之初曾名为新民村，境内有石佛寺和白马泉，1980年取石佛寺和白马泉首字得名石泉村。原曙光村在新中国成立前属人平乡第六保，新中国成立后名为国光村，后更名为曙光村。有白马泉、小夜合泉等泉函。这里地形平整，主产水稻、油菜、川芎和蔬菜。

鹤泉村

鹤泉村在敖平镇东部，2005年由中泉村和凤鹤村合并而成。该村有名的泉函有中泉寺泉函、芦茅泉等。原凤鹤村得名于凤鹤楼，民国年间属人平乡第五保。凤鹤楼有门联曰："此地是凤鹤楼岂无树集春来鸟，下面即担堰定有人耕雨后牛。"原中泉村因境内有中泉寺而得名，中泉寺泉函位于鹤泉村四组与兴泉村十六组交界处，即张家碾以下约一百米处。这里主产水稻、小麦、川芎、油菜和蔬菜。

紫泉村

　　紫泉村位于敖平镇西南部，2005年由原济泉村和民主村合并而成。原济泉村在民国年间属人平乡第八保，新中国成立之初命名为济泉村，因境内北有上泉寺、南有济生桥，两个地名各取一字成济泉村。该村有名的泉凼有五珠泉、上泉寺泉、娃娃泉等。原民主村在敖平镇西南边，新中国成立前为敖平乡第六保，新中国成立后更名为民主村。敖平镇泉眼丰富，以上泉寺等最为有名，嘉庆《彭县志》有记载。

凤泉村

　　凤泉村在敖平镇东北部，东接鹤泉村，南交人民渠十三支渠，西临兴泉村，北靠红岩镇、什邡市隐峰镇。凤泉村2005年由原下泉村和双凤村合并而成。下泉村因辖区内的下泉寺而得名，该村有名的泉凼有一碗水、内下泉寺泉、新七星泉等。原双凤村在民国年间属人平乡第四保，20世纪80年代因境内双凤桥而得名。这里土地平坦，盛产川芎、水稻、烟叶、油菜等。

滴水村

　　滴水村在磁峰镇西北部山中，为磁峰主要河流土溪的主要发源地之一。滴水村因境内有山泉滴水岩而得名。滴水岩为一片陡峭的山岩，一年四季泉水如瀑布不断往下流淌，汇入土溪。滴水村往西与都江堰市向峨乡为邻，东北接小鱼洞镇，民国时期为磁峰第十一保。地形以中山为主，有铁矿、铝矿、煤矿等矿藏，盛产药材，农产品以猕猴桃、洋芋、玉米为大宗。

清桥村

清桥村原名清泉村，避同名，由清泉寺和和平桥各取一字改为清桥村。境内七头山上原有古寺清泉寺，清泉寺因寺旁有泉水而得名。七头山又名金马山，传说是汉代王褒奉皇帝之命祭拜碧鸡金马的地方，宋代犹有昭应祠供奉碧鸡金马。

银锭村

银锭村在军乐镇南部，新中国成立前为军屯乡五保、六保。1980年地名普查时，取境内银锭堰的谐音定名为银定大队。1991年改为银锭村。银锭堰和江家泉是银锭村境内著名的泉眼。

香水村

香水村在军乐镇西部，现香水村由香水村与潘井村合并而成，村委会驻地香水寺为古代著名寺院。据嘉庆《彭县志》记载，唐明皇将其弟封于蜀，香水寺也就成为皇家寺院。香水寺得名于寺院里的香水井，此井至今尚存。

黑龙社区

黑龙社区在军乐镇西部人民渠畔。因境内有著名的黑龙泉，1980年地名普查时称为黑龙大队，后更名为黑龙村，如今称为黑龙社区。黑龙泉在新中国成立之初曾作为军屯乡政府的临时驻地。

北泉村

北泉村在三界镇西北部，东与三界场社区接壤，南与方义村、白衣村相邻，西与升平镇相通，北靠马牧河，2005年原北方村与泉水村合并，故命名为北泉村。原泉水村在民国时期属义和乡第九保，新中国成立之初曾名为九村和二村。1980年名为泉水大队，因境内有泉水沟而得名。泉水沟又名下老鸹泉，在现在的北泉村清泉安居园小区旁边，直通广汉三星，因受益的主要是广汉地区，故每年由广汉岁修。北泉村还有芦苇泉、新堰沟、曹家堰、张家堰、构皮堰、巴茅泉、杨家泉凼、边家大泉凼、红旗泉凼、朱家堰等泉眼。

凌泉村

凌泉村在三界镇西北部，临近军乐镇。这里在民国年间属于罗万乡第七、第八保，土地改革时期因境内有凌泉寺，名为凌泉村，曾为罗万乡五大队。1980年复名凌泉大队，后罗万乡撤销并入三界镇。这里主产水稻、油菜、烟叶、川芎等。

鱼洞村

鱼洞村位于小鱼洞镇东面，因这里有山溪小鱼洞而得名，小鱼洞镇也因此得名。小鱼洞不仅山泉淙淙、清冽可口，而且出产特有的拙鱼。清道光年间在四川任职的山东人王培荀在《听雨楼随笔》一书中写道："拙鱼，出彭县西北七十里小鱼洞。其源有山名琅岐，空中，深邃莫测，即弥蒙水也。中多细鳞鱼，极脆美。每风雷将雨，衔接而出，得其首出者，续取以千百计。大者径二尺余。首出者惊脱，则余不复出，土人谓之拙鱼。山半风云涌怒雷，相衔入网那知回。源深疑接银河水，不向天孙乞巧来。此鱼与山羊群随为首者相似。"

白石沟村

白石沟位于红岩镇北，八角村以南，葛仙山镇东。白石沟源自白鹿镇，经八角村流入白石沟村。据传白石沟沟内有响石观，是白鹿塘坝子漓沅治的下观。光绪《彭县志》有云："漓沅之左脊直南七里曰小峡山，响石关在西崖下，白石沟泉出焉。东南出山，会刘家沟水，注鸭子河。"明清两代，这里设置白石沟巡检司，常年有兵丁把守，以防山中盗寇以及防汛。

玉泉村

玉泉村在升平镇南部，新中国成立前属升平乡第三保，新中国成立后为第三村。1980年地名普查，因境内有玉泉寺，命名为玉泉大队，1984年更名为玉泉村。光绪《彭县志》卷三云："玉泉在县东二十里玉泉寺，近九尺铺，泉水莹澈游鱼可数，灌田数百亩。"玉泉寺内古井玉泉和寺外泉函有暗河相连。

莲泉村

莲泉村由原双泉村和莲花村合并而成，位于升平镇中部。原双泉村在新中国成立前属升平乡第十八保。1980年地名普查，因境内有两个相连的泉函名为双泉子，故名双泉大队，1984年改称双泉村。光绪《彭县志》卷三云："上双泉在升平场外一上一下，大各二亩许，灌田四百余亩。下双泉在上泉之下，一左一右，大四五亩，灌田二千亩。"莲泉村拥有双泉、乌木泉、清水泉、上泉、下泉等大大小小约十余个泉眼。这里地形平坦，主产水稻、油菜，兼产烟叶。

积泉村

积泉村在升平镇北面，2005年7月由积谷村和上泉村合并而成。境内有上泉凼，暗沟连通，水源丰富。上泉村在民国年间为升平乡第一保，积谷村因积谷仓而得名，当时属第二保。原上泉村主要以泉塘为主，分别为鸡屎泉、孟子泉、大泉塘、小泉塘、洞子泉。这里主产水稻、小麦、油菜。

关沟村

关沟村在白鹿镇西面，因境内有山溪关沟而得名。关沟发源于老木岗北坡，光绪《彭县志》称为"官沟"，云："左曰牛坪山，向东北尽白鹿场南。北与溜沙坡东支对峙，其间为官沟。"这里在民国年间为白鹿乡第四保，地形中山，煤炭资源丰富，林地面积甚广。

塘坝村

塘坝村位于白鹿镇东南部，毗邻葛仙山镇，为群山高处的一处盆地。民国年间这里是白鹿乡第五保，境内除了五龙洞、硝洞，还有大量溶洞，自然风光优美，如世外桃源。这里四周出泉，最著名的是五龙洞泉，还有白鹿泉、樱花湖和净瓶泉。四周山上的泉水汇聚于平坝上得池塘，因此称该村为塘坝村。以前塘坝村的池塘非常多，用以泡竹子生产连纸。

三河店村

三河店村在白鹿镇北部，是白鹿河发源地。这里张家沟、白鹿河、冒水洞三条溪流汇聚于河边的一小块平地，故名三河店。冒水洞在半山上，距三河店还有三四里路程，属三河店村三组。潭底有数个泉眼，在潭面形成数朵水莲花，为当地著名景观。当地山高峡陡，盛产各种药材。

张泉村

张泉村地处葛仙山镇东北部浅丘，由原张沟村和涌泉村合并成。原张沟村因境内有张家沟而得名，新中国成立前为万年乡第十保，新中国成立后名为红光大队。这里地处丘陵，兼有水田和山地。涌泉村得名于境内原有的涌泉寺，新中国成立前属万年乡第九保。

花园村

花园村得名于花园沟，在葛仙山镇北部。花园沟原名华严沟，因境内原有华严寺，并有华严场而得名。清代，华严场废。光绪《彭县志》云："其左严家沟水出焉，东流华严沟南注鸭子河。"如今生产桃、李、梨等水果，春来花开如雪，也不负花园沟之名。

山泉村

山泉村位于葛仙山镇西北部，民国年间属楠木乡第十保，因境内翻山堰和清泉塘而得名。新中国成立之初曾名为清泉村。20世纪80年代为避重名，改名山泉村。村内多个泉凼，尤以筛子泉最为著名。该村主要是平坝，位于鸭子河畔，以水田为主。后撤销楠木乡，并入葛仙山镇。

观泉村

观泉村在致和镇东北，与九尺镇相邻，民国年间属致和乡二十保，新中国成立之初，因境内有观音泉，故名为观泉村。其后名称几经改变了，1984年复名为观泉村。境内有名的泉眼有观音泉和黑龙泉。这里全属平坝，主产水稻、川芎以及各种蔬菜。

清泉社区

清泉社区位于致和镇以南，新中国成立前属致和乡第九保。1951年土地改革时，因境内有清泉庵，故名为清泉村。

清洋村

清洋村位于致和镇以南，新中国成立前属致和乡第八保。1951年土地改革时，因境内河水清澈，故名为清河村。1980年地名普查，为了避免地名雷同带来不便，故改名为清洋大队。

高泉社区

高泉社区在致和镇南面，东与北京堂社区相邻，西与高山社区相邻，北与天彭镇来寿社区相邻，南与贤德社区相邻。新中国成立前属致和乡六保，1951年土地改革时，因境内有泉眼名曰高泉凼，故名为高泉村。

龙泉村

龙泉村在致和镇以南，新中国成立前为太平乡第十保，1951年土地改革时，因境内有泉水名玉龙泉，故名为龙泉村。

泉水艺文

寄宿田家

◎唐·高适

田家老翁住东陂，说道平生隐在兹。

鬓白未曾记日月，山青每到识春时。

门前种柳深成巷，野谷流泉添入池。

牛壮日耕十亩地，人闲常扫一茅茨。

客来满酌清尊酒，感兴平吟才子诗。

岩际窟中藏鼫鼠，潭边竹里隐鸬鹚。

村墟日落行人少，醉后无心怯路歧。

今夜只应还寄宿，明朝拂曙与君辞。

高适（704—765），字仲武，号达夫，排行三十五，郡望渤海蓨县（今河北景县）人。晚年曾任左散骑常侍，又称为"高常侍"。唐乾元二年（759年）授彭州刺史，次年转任蜀州刺史。据刘开扬《高适诗集编年笺注》载，高适在彭州写下了《寄宿田家》等可考证的六首诗。

题都庆观

◎ 五代前蜀·杜光庭

三仙一一驾红鸾，仙去云闲绕古坛。

炼药旧台空处所，挂衣乔木两摧残。

清风岭接猿声近，白石溪涵水影寒。

二十四峰皆古隐，振缨长往亦何难。

杜光庭（850—933），字圣宾（又作宾圣），号东瀛子，处州缙云（今属浙江）人。少习儒学，博通经、子。唐中和元年（881年）随僖宗入蜀，留蜀不返。王建建立蜀国，封其为上柱国蔡国公，赐号"广成先生"。王衍继位后，以杜光庭为"传真天师"、崇真馆大学士。杜光庭生平著述颇丰，收入《正统道藏》的有二十七种，《全唐文》收录三百二十篇。《全唐诗》里收录杜诗十八首，写彭州的有三首，内容分别写彭州三治。

题鸿都观

◎ 五代前蜀·杜光庭

亡吴霸越已功全，深隐云林始学仙。
鸾鹤自飘三蜀驾，波涛犹忆五湖船。
双溪夜月明寒玉，众岭秋空敛翠烟。
也有扁舟归去兴，故乡东望思悠然。

题仙居观

◎ 五代前蜀·杜光庭

往岁真人朝玉皇，四真三代住繁阳。
初开九鼎丹华熟，继蹑五云天路长。
烟锁翠岚迷旧隐，池凝寒镜贮秋光。
时从白鹿岩前往，应许潜通不死乡。

题丹景山至德寺

◎ 五代前蜀 · 徐太后

周回云水游丹景，因与真妃眺上方。
晴日晓升金晃曜，寒泉夜落玉丁当。
松梢月转琴栖影，柏径风牵麝食香。
虔爇六铢宜铸祝，惟祈圣祉保遐昌。

徐太后，五代前蜀皇帝王建的皇后。后主王衍称帝，徐太后同王衍游彭州阳平治、丹景山等地。

和题丹景山至德寺

◎ 五代前蜀·徐太妃

丹景山头宿梵宫，玉轮金辂驻虚空。
军持无水注寒碧，兰若有花开晚红。
武士尽排青嶂下，内人皆在讲筵中。
我家帝子传王业，积善终期四海同。

徐太妃为五代前蜀皇帝王建之妃，王衍之母，徐太后之妹。王衍称帝后，徐太妃、太后同王衍游彭州。

题天彭鲍郎中南楼

◎ 宋·赵抃

彭门于蜀最无双，人悦南楼重叹降。

瀺瀺鸣泉漱金玉，森森佳木拥旌幢。

仙飙出洞清来坐，峦雪排岩冷透窗。

太守瞻云日登向，巴江迢递隔吴江。

　　赵抃（1008—1084），字阅道（或作悦道），号知非子，衢州西安（今浙江衢县）人。仁宗景祐元年（1034）进士，除武安军节度推官。宋治平元年（1064），出知成都。神宗立，以知谏院召还，秋，擢参知政事。熙宁三年（1070），因反对青苗法去位。历知杭州、青州、成都、越州，复徙杭州。元丰二年（1079）二月，以太子少保致仕，退居于衢。元丰七年（1084）卒，年七十七，谥清献。有《清献集》十卷。

彭州西湖

◎ 宋·吕陶

西湖风物似当时，惟有流光去莫追。
十四年前植修竹，茂阴如识绕方池。

吕陶（1027—1103），字元钧，号净德，眉州彭山（今属四川）人。宋仁宗皇祐年间进士，官铜梁、寿阳令，太原府判官。宋神宗熙宁六年（1073）知彭州。因反对榷茶法，熙宁十年（1077）贬监怀安商税。

炷香至德山

◎ 宋·程公许

异时闻至德，滴水洗沈冤。
空寂等三世，悟迷同一源。
松杉膏宿雨，楼阁丽朝暾。
犹恨高峰顶，藤萝未得扪。

程公许（1182—？），字季与，一字希颖，人称沧洲先生
（《耻堂存稿》卷五《沧洲先生奏议序》）。眉州（今四川眉山县）
人，寄籍叙州宣化（今四川宜宾西北）。宋宁宗嘉定四年（1211）
进士。历华阳尉，绵州教授，知崇宁县，通判简州、施州。此诗可能
写于在知崇宁县任内。

游大隋山

◎ 宋·郭印

我闻大隋名，梦寐犹记录。得檄天彭道，喜气和可掬。
出城六十里，崎岖转江曲。山门忽斗上，危步依筇竹。
崩石带烟云，异草罗涧谷。寂鸟下窥人，累猿时挂木。
路穷才见寺，金碧焕双目。祖师古定光，灯冷无人续。
开公生异世，大事如付嘱。僧言山长阴，朝暮云容蹙。
兹辰为我晴，叠巘堆浓绿。虚阁倚秋风，一洗尘土俗。
举手揖丹景，横身跨白鹿。十年劳问讯，亲到心始足。
坐久烛渐微，借榻云间宿。山寒寐不成，窗外泉鸣玉。

郭印，号亦乐居士，宋徽宗政和年间进士。任仁寿、铜梁等地县令，左朝请大夫等。喜山水，工诗，与曾慥、计有功、蒲瀛（蒲大受）、冯时行、何耕道等交游甚密，著有《云溪集》十二卷传世。宋高宗绍兴年间，郭印任永康军通判，大概《游大隋山》就是那时候写的。

曲尺山云居寺

◎宋·王灼

循溪上坡坨，溪亦因山曲。行尽高深处，招提隐山腹。

往者灰烬余，白塔但孤矗。十年闹斤斧，有此千间屋。

阿师笑相语，异事子当卜。今日钟报客，振响非人触。

病悴优婆塞，归梦到松菊。诸圣惠三昧，警我烦恼毒。

卧听夜雨喧，起看晓云族。去路犹恐迷，主人费斋粥。

王灼（1081—1160），字晦叔，号颐堂，四川遂宁人。王灼出身贫寒，青年时期曾到成都求学，后赴京师应试，虽学识渊博却科场失意。王灼晚年闲居成都和遂宁潜心著述，其著作现存《颐堂先生诗文集》和《碧鸡漫志》各五卷、《颐堂词》和《糖霜谱》各一卷。

大隋山

◎ 宋·王灼

天彭对峙辟两门，群山左右争骏奔。
金城中间作几案，大隋踞坐何其尊。
境胜地灵谁敢宅，古佛来自东家村。
结茅三间初未暇，一庵聊寄枯木根。
缁徒骈拥助薪水，王侯渐次迁华轩。
玩月峰深崇栋宇，瀑布岩冷清心魂。
至今西南推望刹，十世说法云仍孙。
病夫垂老寡所嗜，独于要妙欲细论。
当时戏出随他语，坐断报化转乾坤。
迩来衲子多异解，白玉面上加瘢痕。
山蔬煮饼姑恣饱，云气漠漠连黄昏。
空堂附火耿不寐，听彻猿鸟迎朝暾。

葛仙化

◎宋·王灼

灵山信多异，孤起一万寻。其上罗诸峰，耸秀欲相临。
危磴巧盘折，古洞阒清深。丛木开锦帐，飞泉鸣玉琴。
三仙班龙驾，长往无归音。高阁俨像设，霓衣紫霞衿。
故知飞升骨，偕来幽绝岑。声利岂不好，奈此老境侵。
吾家穷子安，登览动悲吟。盛时亦云遇，志大力叵任。
今人已笑古，后人复视今。天命傥可顺，吾将守素心。

土溪石室偈

◎宋·子言庵主

一击石庵全，纵横得自然。
清凉无暑气，涓洁有甘泉。
宽廓含沙界，寂寥绝众缘。
个中无限意，风月一床眠。

子言庵主，号智陀，宋代绵州人，为大随山元静禅师弟子，在大随山听到石头自回和尚说的偈语，一下子悟道，归隐土溪边。

题三昧泉

◎宋·李石

世传悟达国师访第三尊者于此泉上。即袁盎后身人面创晁错仇
也。事具山中。

乳崖霜雪根，金地白莲蕊。泉上碧眼师，秋月照清泚。
玉奁开明镜，肝胆两冤鬼。若为人面创，如以佛手洗。
遂解七国仇，化为三昧水。我来愧尘缨，与世无愧喜。
平生一瓢心，属餍岂为己。定知蜀山龙，云雨高卧里。
微丝出游戏，僧饭冰入齿。灌溉丹穴深，窈窕沧海底。
人怨旱火焦，雷公费鞭箠。请师挂杖头，搅山唤龙起。

李石（1108—1181），字知几，号方舟。宋资州资阳人，宋高
宗绍兴二十一年（1151）进士，孝宗乾道中，以荐任太学博士。他
大概是在宋绍兴三十年前后做彭州通判的。李石在彭州任上留下不少
事迹。后来他因直言不讳，不附权贵，主持讲学于成都石室。蜀人从
学者如云，闽越之士亦万里而来。著作有《方舟易说》《方舟集》
《续博物志》等。

彭州东湖（组诗）

◎ 宋·李石

湖 屿

东湖门西偏得小室，前揖城堞，花木阴茂如突出中坻也，曰湖屿。

我昔泛洞庭，白波大如屋。水天两相际，渺渺浸坤轴。
小舟掀簸中，呕眩篷底伏。忽然得岛屿，便欲缒船宿。
西归收惊魂，且濯泥土足。东湖一席地，江脉自渟蓄。
烟雨相吐吞，几席染湖渌。汀洲红白花，游泳杂凫鹭。
横流溢四海，未暇较吴蜀。骇我时世情，风波戒平陆。

海山堂

湖屿之右有堂前有小池，四时水不竭，环以数小山，奇怪诡异之观隐见于疏竹幽花之间，曰海山。

海水际天水，海山蔚空青。万里供远目，随处来户庭。
庭中森紫翠，户内含虚明。澄波汲引入，螺黛叠瑧成。

空光集云气，岑碧延日星。逍遥等一物，大小随所经。
高霞渺三韩，众水涵四溟。仙驭来何迟，上天跨鲲鲸。
用意敢自隘，万虑凝秋清。夙缘有悟契，矫首鸿鹄征。

盖公堂

　　海山堂对峙有堂东向，到官之十日有嵩山异人见访，置榻延之，问治道焉，颇如盖公教曹参者。仆非其才，又恐取名之过，聊记所本以从事，曰盖公堂。

林静有集鸟，水阔多潜鱼。未能急期会，乃更谈清虚。
吾家柱下史，不读城旦书。偶挟一语契，到官十日初。
仙人水雪容，访我云霞居。扫地荫修竹，引水浇芙蕖。
吏最果不足，丞负良有余。深文到穴鼠，百巧呈山狙。
从今结绳内，只可禁网疏。虽非胶西室，有此指南车。

仙　巢

　　盖公堂上有小楼，以三仙山所在也。天下二十四化而彭擅有其三，曰仙巢。

仙人九天上，骖鸾绁飞虬。飘飘紫霄御，下作人间游。
二十四洞天，海上横十洲。乾门凿井络，丹梯云气浮。
中有三仙山，瑶佩鸣琳璆。群仙各分化，一笑芳菲留。
我作招仙诗，披风上巢楼。仙鸟衔玉书，仙花拂人头。
手挽北斗柄，挹取银河流。六合正泥滓，一洗苍生忧。

鱼相忘亭

东湖有亭临水，鱼游藻荇清泠中，公退倚栏对之甚适，扁之曰鱼相忘亭。

通涂合西南，达人戒同异。二鱼各自鱼，是鱼岂有二。

阔处海茫茫，波涛适相戏。笑我湖上亭，鳞鬣纷族类。

情知我非鱼，此意鱼或是。欣然得所适，相见不相遇。

鱼行我无心，我得鱼亦遂。藻荇披秋光，水与天妩媚。

明月帖湖心，照风鱼不寐。我琴无杀声，蟪蛄勿余忌。

游丹景山

◎ 明·杨慎

玉相金容帝释家，大超五欲出三车。

宏开辩囿谈空谛，蔓衍歌锋绍永嘉。

绀殿横宵摩日月，翠岑侵汉锁烟霞。

诸天法鼓云中震，百道飞泉岭外斜。

谷曲盘游移野酌，山城登眺对闲花。

酒酣兴发挥旌藻，长啸惊翻树杪鸦。

杨慎（1488—1559），字用修，号升庵，四川新都人。明正德六年（1511）进士第一，谥文宪。以博洽冠一时，著述颇丰，有一百五十余种。有《升庵全集》《升庵外集》，散曲集《陶情乐府》《廿一史弹词》等。杨慎多次回蜀，据《杨升庵年谱》记载，他在嘉靖二十年（1541）奉戎檄经遵义北上成都，编成《全蜀艺文志》后南下，途中因病返回新都，第二年病愈，游彭县丹景山、大随山等地。

游白鹿寺赠淡竹和尚

◎ 清·冀应熊

客因逐鹿寻山寺，浪说桃源是小都。
山色四围涂翠壑，泉声一派漱冰壶。
长林丰草同麋静，皓月间云共鹤孤。
试问图澄肠似雪，何须衣里探明珠。

冀应熊，河南辉县人。清代顺治末年为成都知府，与破山弟子白鹿寺高僧澹竹交好。

和欧阳明府游三昧水原韵

◎ 清 · 王日拔

峭壁嶙峋曲径深，参天老木几千寻。
山前圣水通三昧，洞口胡麻种石林。
乔树风吟催笔韵，虚岩云冷涤尘心。
闲游为爱清光好，不信桃源有古今。

神僧异迹历年深，谷口青松何处寻。
野水穿云流古径，疏钟带月响禅林。
闲经石穴逢天籁，偶听楞严发慧心。
始觉仙灵皆是幻，向谁忏悔到而今。

王日拔，清初新繁县人，官夹江训导，曾寓居彭县，载于嘉庆《彭县志》。

罗汉洞

◎ 清·蔡时豫

寒林飒沓作暝声，山水回复愁斜阳。
洞门寂寂怕回首，路出孤岩行人忙。
颇怪此间骇耳目，过于奇辟疑不祥。
流水盘回山转处，黑如井口瓦孔张。
行人过溪即是洞，便来洞里窥琼浆。
指点共作瓮中语，天工鬼斧惊伦量。
千年以来豁入鏮，厥形半卧歌破缸。
仰窥石向未镜洗，结成胚胎乾饴糖。
凝沍正同窑屋覆，子母石炼由娲皇。
尾尻一窟透圆亮，洞中仿佛来天光。
深壑漱玉浣洞底，听风听水陈伊凉。
不时石液滴剩溜，檐注已缩犹丁当。
深洞无人作杂响，浑似胆怯嫌阴房。
石坊尚留前朝色，姓名宫监堪推详。
当时遭遇亦奇特，风雨洗尽丹黄装。
流连风景更吊古，奥区寂寞香台荒。
乍疑何王之宫殿，零落空山明月苍。
又疑前人此避乱，洞空人去余岩廊。

摩挲石碣自胜国，荒山佛火来天阊。

承平百年此灰冷，灵川选佛谁开场。

十八应真少完体，石香炉坏莲座僵。

寻常游历不到此，讵知异境当路旁。

山容树色与世隔，余此一段无人乡。

洞口小桃沙皁李，李桃脚下官山粮。

山粮一任山禽耗，境界似此愈凄惶。

两头人境夹幽僻，岩花涧草何处香。

岩圩石壁作厂势，涧深一水岩中央。

水从左入窦右出，中间溢此如漫塘。

过濑不觉随势落，流入蒙密低丛篁。

岩下可容一苇航，洞中可支三脚铛。

系舟入洞自烟火，景物似比桃源强。

或云毛女此修炼，或云偓佺此形藏。

岂如樵丁憩樵担，息肩洞口迟坐忘。

掬以石窦清凉泉，劳虚涤尽尘坋肠。

垂萝络娄暗洞门，风吹不动纤长杨。

啼鸟一声不知处，山房一间门掩将。

洞荒石古水幽咽，岁月欲比人间长。

先人兆宅此不远，买山竟欲褰吾裳。

结茆邻洞扫墓门，过眼何必论沧桑。

余力重兴寺头陀，仙都旧迹传唐昌。

蔡时豫，字笠斋，崇宁县（今郫县唐昌镇）人。清雍正癸卯（1723）举人，曾任贵州安化县、镇远县知县，麻哈州知州、古州同知，乾隆十一年（1746）卒，终年五十一岁。著有《慈竹园集》，已散佚。

过罗汉洞

◎ 清·蔡曾源

欲叩禅扉取次攀，悠悠古洞白云间。
何年俏削千寻石，此地中分两面山。
芳草生春看荟蔚，飞泉终日听潺潺。
到来咫尺先茔近，风雨凄凄拜扫还。

蔡曾源，字吕桥，清代崇宁县人。清乾隆三十九年（1774）举人，乾隆四十五年（1780）恩科二甲第四十名进士，选为翰林院庶吉士。未散馆即授山西翼城县知县，后卒于家中。著有《吕桥诗草》。精绘画，《蜀画史稿》《益州书画录》有传。

小鱼洞

◎ 清·李调元

四里坡而下，有洞泉淙淙。转腹细若蝀，出口奔如龙。

悬崖嵯崒处，喷薄溅翁茸。散为百斛珠，如米跳自舂。

坐令鱼误饵，逐队争唅喁。谅无额可点，徒与乖供饔。

我欲批其鳞，窟深不可踪。恐触饕餮怒，叹息姑尔容。

李调元（1734—1803），字羹堂，号雨村，别署童山蠢翁，四川罗江县人。清代四川戏曲理论家、诗人。著有《童山全集》。编辑刊印《函海》共三十集，全卷共一百五十种书。据李调元《童山自记》，乾隆五十四年（1789）三月游彭县法藏寺等处，同年七月游丹景山，乾隆五十六年（1791）七月又到彭县。李调元给彭县留下二十多首记游诗。

东 湖

◎ 清·李调元

东湖春水对西湖，仿佛山阴被禊图。
昔日楼台今已圮，茂林修竹有还无。

大隋山

◎ 清·李调元

大隋山头景德寺，神照禅师锡所投。
龙井至今犹作幻，满山生竹尽龙头。

至德山三昧水

◎ 清·李调元

一泓水溅珠如滴，三昧泉盈斗可储。
一自知元洗人面，至今百疾尽能除。

土 溪

◎清·李调元

石如蹲兽凿为屋，泉向智伦环作渊。
闻道清凉无暑气，可能借我避炎天。

游丹景山用杨升庵韵赠圆密大师

◎ 清·李调元

又著芒鞋踏翠微，峰峦高处款禅扉。
不知瀑布何方响，但觉飞泉乱扑衣。
天入双门云荡荡，山连九陇雨霏霏。
磐陀石上一会脉，始信人间此景稀。

葛仙山

◎清·李调元

八十一洞若鱼贯，二十四峰相蝉联。
至今葛璜丁东水，疑是韦皋富贵泉。

秋夜散步

◎ 清·彭以懋

夜清秋更好，一杖逐轻烟。
溪与池争月，云将岭接天。
过林闻鸟细，踏露惜珠圆。
待我灯何永，归来尚灿然。

　　彭以懋，字晓村，清代成都府华阳县人，乾隆三十六年（1771）举人。乾隆五十年（1785）任甘肃肃州王子庄分州同知，乾隆五十三年（1788）任敦煌知县。乾隆五十九年（1794）辞职回川住彭县通济王村，其子孙都成为彭县人。嘉庆十七年（1812）主笔《彭县志》，另著有《欲焚草》，已佚。

新 居

◎ 清·彭以懋

白鹿山分最好支，结庐真慰野人期。
平畴十里云千岭，翠竹万竿月一池。
小圃春晴花发候，高斋秋老酒香时。
闭门日与良朋饮，任说终南捷径奇。

滴水行

◎ 清·含澈

彭门千峰复万峰，省山好之长相从。

不访黄石求赤松，举家栖隐为山农。

耕耘作息滴水里，食滴水兮饮滴水。

四山猿鹤一声啼，崖前崖后白云起。

我有嗜山癖，未有入山屐。

日日登楼看远山，突兀嵯峨十千尺。

何年手卷破蒲团，椶鞋竹笠归山峦。

掘取茯苓煮冰雪，寻山不惮山艰难。

含澈（1824—1899），俗名支凤纲，法号含澈，号雪堂，晚号潜西退士，新繁人。新繁龙藏寺住持，擅长诗书，精通佛学、儒学，与当时名士王懿荣、黄云鹄、顾复初、程祖润、牛树梅等交好，著有《绿天兰若诗钞》《钵囊草》《潜西精舍诗稿》《潜西随笔》《潜西偶存》等。编刻有《纱笼诗选》《纱笼文选》《蜀诗续钞》《及见诗钞》等。

游海会堂题壁

◎ 清·含澈

　　在天彭曲尺山旁，高峰壁立，屈曲千仞，有泉一池，清冷数尺，
山林中一奇境也。

入山不入深，空负入山心。
看山不看险，空负看山眼。
我游海会堂，庶几心眼光。
托足白云外，侧身红日旁。
万峰齐俯仰，千仞独青苍。
回观过来路，烟雾隐茫茫。

题五龙洞

◎ 清·含澈

秋高重访葛仙峰，乘兴寻幽到五龙。
三峡三峨同峻秀，一岩一洞各玲珑。

甲寅仲夏偕（选录三首）

◎清·李寿萱

姚海琴、姚次梧、王心培、胡友三游天彭分水岭山中。

高兴一书生，溪山尽日行。
客程千里远，脚力十分轻。
绝顶无烦暑，幽泉有暗声。
此中真胜地，亦足寄遐情。

题诗新壁上，访古白云间。

溪冷泉声苦，苔生石径斑。

远山连树合，独鸟向人闲。

况复多吟客，邀予试往还。

怪石疑行雁荡间，野猿皋鹤共跻攀。

懒思身外无穷事，领略平生未识山。

翠竹白沙泉细细，碧桃红杏水潺潺。

于焉已是忘机地，利户名枢莫我关。

李寿萱，字荫堂，别字慕莲，新繁人，廪膳生。清同治十年（1871）授叙州府训导，光绪十八年（1892）改授蓬州学正，光绪二十四年（1898）卒。著有《谷诒堂集古诗钞》十卷、《五朝文铎》三十卷、《五朝诗铎》二十卷。

附录

《彭县志》（嘉庆版）有关泉水的记载

嘉庆《彭县志》卷之五——山川

　　至德山，在县西北。《方舆胜览》：在彭州西三十里。《名胜志》：至德山，上有广明院。蜀王衍常（尝）游是山，患其高险，令于福唐寺东别开一径，凡数里，广可二丈。栽松砌石，以达于寺，从官悉骑以从。松枯石怪，尚有存者。至德山有三昧泉，自石窦喷洌，方大如斗，不竭不溢。俗传即知元国师洗人面疮之处。至今疾者浇之多效。按《高僧传》：释罗僧者，蜀圣寺中得果位人也。尝寐（寝）疾于五台山，同会僧众，俱不之测，悟达国师独善视之。将及九旬，病愈别去。云所苦今遂平复，由师之力，我住在剑外九陇郡之茶笼山，尔异日游方，无忘相访也。悟达暮岁至蜀，历访群峰，讯老樵辈，皆以未尝闻兹山名。乃叹曰：噫，病禅之妄也。将回，遇一山童曰：某是彼岩之聚沙者。前导而去。俄睹殿塔俨空，房廊环肃，果值昔之病僧，迎门叙故。日将暮矣，而谓之曰：兹寺非得漏尽，通不能至，尔以宿缘一谐遭止，言寄寓乎，斯未为可，尔其克勤修证，诣果胡难。乃命旧僮，送师归去，回望之顷，但见岩壁峭峻，杉桧莽苍而已。则开成中事也。时知元著传之次，得僧可思，尤闲地理，为元作茔兆于丹景前峰。其山若雄堞状，虽高低起伏而中砥平。俄有里人耆老曰：古相传云茶笼山矣。

葛璝山，《一统志》：在县北四十里，亦名葛仙山。山有二十四峰八十一洞。《唐书地理志》：九陇有葛璝山。《寰宇记》：在县西北四十八里。昔（葛）永学道于此，《名胜志》：上有崇镇（真）观，在濛阳镇北四十里，二十四化之第五化也。葛仙翁，杨仙翁升贤，俱得道于此。梁大同中，蒲仙翁高远复于此白日上升。梁武帝锡名上清观。刘孝先作碑以纪其事。《成都记》：韦皋梦神人谓曰，异日富贵无忘葛也。后尹成都再梦，乃复新观宇，皋自为记。《云笈七签》（此条不见于《云》书，疑记误）云：葛化周回岩峦，左右嵌穴，地灵境秀，道绝诸山，故有二十四峰，八十一洞。观下溪泉，深在谷底，汲之非便，此宫之过崖磴十五步，巨石下有丁东水，出于崖腹，滴入石窍中。中和间刺史安金山准诏投龙，郡县参从者二百余人。忽有污触（浊）其水者，顷刻而竭。安公与道流颇怀忧惧，夜至泉所，拜手焚香，叩祈良久，涓涓复滴。虽从骑之众，食之充足。每年三月三日，蚕市之辰，众逾万人宿止山内，饮食之外，水常有余。《元统志》引《仙传拾遗》曰：葛仙永居蜀之上清山，白日升天，时人因号其山曰葛。《新唐书》：王子安客剑南，尝登其上，慨然思诸葛武侯之遗，赋诗见志。国朝雍正二年，有道人张清长、王阳升云游至此，重建祠宇，并建星斗庙于峰上，曰东斗、南斗、西斗、北斗。其洞有雷神、仙女、莲花等名。又有丁东水，每年三月三日，远近之人来礼山者络绎。

大隋山，在县西北。《方舆胜览》：在堋口镇北三十五里，上有瀑布泉下流入清白河。宋张商英记：西山之胜，在彭门者大隋为甲。上有木禅庵，白龙井。山生竹若龙头，俗呼龙头竹。《名胜志》：大隋山之景德寺，隋大业中神照禅师投锡之所。又去堋口镇三十五里，又二十五里始至县。

五龙山，在县西北。《寰宇记》：山在九陇县。有神溪水，云是伯阳登山嗽此神水，今为溪源。五龙山多木莲。《元统志》：在彭州西北五十里，亦曰龙游山，又名五龙洞。《名胜志》：山高数百丈，延袤二十余里。山麓有洞，旱时祈雨，巫者初入，握火烛之，行少顷，足而望，悬崖中有斧凿痕如井、深数十百丈，牖一线之明，而烟焰袅然上冲，谓之天生眼。至此少偃息，复入第三四五六洞。洞下重渊，深不可测。盛夏水冷如冰，以编竹筏寝其上，逡巡蚁附而入，抵第七洞，龙所穴也。始用符咒取水，盛竹筒而出。离洞口，即有风雷随之，而雨作（焉）。间值洞中水壅，巫者多不得出。

中隋水，由山顶穴中出，以上四水皆东南流入玉村河。

乾溪，大隋之阴，天台诸山之水出焉，下流入青冈林。

大隋水，山上有泉水下流岩窝、小沟之水俱会焉。

白石沟泉，在县北七十里，玉村河之分流也。源出小峡山，东流入汉州注金台（堂）峡，下流入什邡汉州界。《名胜志》：白石沟，漓沅治也，上应房宿，治有鸿都观，下观名曰响石。

神溪水，在县北六十里，源出五龙山顶，流入华严沟，灌田三百余亩下入鸭子河。

小鱼洞，在县西北七十里。源出琅岐山，空中深邃莫测，即濛水也。流畅四时不竭。捕鱼人尝于空旁舍得他物，盖其所从来远矣。中多细鳞鱼，味极脆美，每当风雷，天将作雨，则衔接而出。居民伺之，得其首出者，俗呼之为拙鱼。若首出者惊脱，则余不复出矣。

大鱼洞在小鱼洞隔岸慈坪峰后山麓多穴泉水较小，向亦出细鳞鱼。今洞崩塞。

嘉庆《彭县志》卷之九——水利

黑龙泉，在县南里许。乾隆十九年，邑令朱次臻凿泉二，取水灌溉南乡田亩。

西城濠泉，北城濠泉，以上二泉，乾隆三十二年，邑令沈鹏凿，取水灌南乡田亩。

连禾泉，在县西西湖内。乾隆五十五年，邑令谢生晋凿泉三口，灌南乡田。

清泉，在清泉寺左，有泉四口。

古佛泉，在古佛内。

安乐泉，在广兴寺右，有泉数十处。

七星泉，在壁山庙，有泉七口。

三泉三寺相连。

白马泉，以上各泉，俱在县属。

新泉在县东南唐家坝，乾隆三十四年浚。

桤木泉，在县东四十里。古泉五眼，流注连延，有潆洄九曲之势。四时不竭，溉田五百余亩。

玉泉，在玉泉寺侧。

三合泉，在七宝院后。

九龙，在县南，泉阔一亩。

泉水河，在县西三十里。

井泉，在县西北七星石桥。

水莲洞

五龙洞

七眼泉，在县北。雍正八年杨延汉凿。在楠木园。一冈桐、二楼子、三杨柳、四白鹤、五大麻柳、六小麻柳、七自流。

三眼泉，在县北。

乌鱼洞，在县北。

按，彭邑旱田山田，凡河堰不能引注者，或用筒车取水灌溉，或资泉水自然流灌。又有冬日积水田中至春栽种者，或于高处设塘注水，俟栽种时决灌，亦有于泉塘内用龙骨车戽斗取水，人力倍多，随时设法，无凭注载。

嘉庆《彭县志》卷之十四——古迹

西湖，在县西里许。《寰宇记》：唐元和间郡守王潜、萧佑浚凿。邓褒记：二公陶奇撰幽，不乏心匠，于西湖台岛花竹，布置冈不宛妙。岸北有泰山府君祠。《蜀昼锦录》云：岸东有勇烈侯杨晟祠。乾隆三（五）十三年，县令谢生晋重加修浚，建龙王庙其上。泉水数穴出，溉城南数十顷。

嘉庆《彭县志》卷十九——寺观

壁山寺，在县东十里，古白衣庵也。雍正八年重建。前后有泉七眼，名七星聚。

七宝院后三泉，经冬不涸。

三泉寺，在县东三十里，上中下三寺，相隔里许。寺侧各有泉，春夏间源泉外注，澄清可鉴，其流引灌田亩。

化成院，在县北二十里，即古涌泉院，因文翁化蜀，尝驻马于此，故名。

香水寺，在县北二十里，本名香寿寺，寺内有井。唐明皇封其弟于锦城，号蜀王，在此汲水，因其清洌甘美，称为香水井，寺因以名。

嘉庆《彭县志》卷之三十六——仙释

智陀子，释。高僧传，智陀子，绵州人也。至大隋，闻石头和尚示众偈，倏然领悟，归隐土溪。悬崖绝壑间，有石若蹲异兽，师凿以为室，发异泉，了无涸，众讶之。居三十年，化风盛播。初，室成日，作偈曰：一击石庵全，纵横得自然。清凉无暑气，涓洁有甘泉。宽廓含沙界，寂寥绝众缘。个中无限意，风月半床眠。

《彭县志》（光绪版）有关泉水的记载

邑田，堰水不足资泉流灌溉者十四五，凡去堋口已远皆是也。兹就自然流灌者书之，车汲之泉不与焉。

泉水河在县西北二十五里，九陇东麓新堰子下流也。缘山麓出泉，终岁可转碾，计灌县境田约八千亩，崇宁田约二千亩。隋之陇泉县因此得名。

连境堰在丽春场西崇彭二县界青白江枝流也。沿河出泉，东南流至新开河，度高简槽共分小堰四道，灌田千九百九十余亩。

竹家泉在丽春场东南五里白衣庵，灌田千亩。

洞洞堰在城南十里新润河，沿河出泉，灌田一千余亩。

桤木泉在城南十里火巷河枝渠下，即黄土堰也。近河凿泉灌田二千余亩。东南有黄龙泉，灌田五百余亩。

宋家沱在黑龙泉东，距城八里，下合来家泉共灌田二千余亩。月儿泉、相公泉并在宋家沱东贤德寺，近新润河。

花碾子泉在洞洞堰下二里，沿河出泉，灌田百余亩。

叶家泉在护国林大路东，大小三泉，灌田千余亩。

九眼泉在太平场，龙王泉在楼子寺俱灌田二百余亩。

连禾泉一名龙王泉，在废西湖北岸下，乾隆五十五年邑令谢生晋凿，灌南乡田三百余亩。西城濠泉，乾隆三十二年邑令沈鹏凿，灌南乡田。今濠深，旧泉脉断，水上沟迟。

桅杆塘在城东南十二里，广半亩，深四五尺，灌田数百亩。

庙子泉在城东南十三里，三教庵南半里，又庵西半里为白鹤泉，又西为沈家泉，各灌田千余亩。

梅花泉在城东南十五里三堆坝，深不及膝，流若巨川，灌县境田七百余亩，新繁田二千余亩。

敖家泉在城东南十五里唐家碾，灌田千五百余亩。

母猪泉在县东四里，下合腰子泉，灌田六百余亩。

金宝泉在县东五里，下合檬子泉、白杨泉，灌田八百余亩。

苏家泉在县东六里，近燃灯庵，合大小二泉灌田四百亩。

白龙泉在燃灯庵东一里，大路北又东里许双龙泉，又里许乌龙泉，各灌田六七百亩。

长挖堰在县东十二里，距龙吟寺西南三里，于白土河心，顺河掘泉，卷石覆之，灌田二百余亩。

甘泉堰在龙吟寺北二里余，濛阳河心掘泉亦用石卷覆，灌田六百亩。上二泉并嘉庆末年文生傅开元凿。

蔡家堰在县东三十里，戊寅桥东北半里侧濛阳河北岸。凿泉广几一亩，深五六尺，灌田三千余亩。东一里为卧老堰，侧河南岸凿泉，灌田一千余亩，北有沙暴堰，灌田千亩，鲤鱼沱，灌田千余亩，罗家泉，灌田五百亩合流龙吟寺下。

乌木泉在升平场西五里，灌田八百余亩。相近数武有清水泉、雷家泉参连如品字，各灌田一千余亩。

上双泉在升平场外一上一下，大各二亩许，灌田四百余亩。

下双泉在上泉之下，一左一右，大四五亩，灌田二千亩。

米筛泉在升平场东北六里，距县三十里。泉眼如筛，百脉俱沸，灌田一千余亩。西南一里有安乐泉，灌田三百亩。

钟家泉在县东北二十八里，近老罗家场，灌田千余亩。

构皮堰，在老罗家场东六里，于马牧河中，傍南岸凿泉方丈，深丈余，引水转碾十余坐灌田数千亩。

新堰子在构皮堰东十里于马牧河中凿泉广深二丈，顺河掘深沟七八里上堰灌田一千余亩。

响水泉在石河里，广约二亩，洌泉湍激，声逄逄然。灌田二千余亩。癞子沱在石河里，灌田千余亩。

青泉在县东二十里新街子北老妈寺，灌田五百余亩。

玉泉在县东二十里玉泉寺，近九尺铺，泉水莹澈游鱼可数，灌田数百亩。清泉在升平场北清泉寺，灌田百亩。

杨柳堰在县北十八里，八泉合流自乐兴场达升平场十余里，灌田五千余亩。乌江泉在升平场西乐兴场东南狮子桥距县北十四里，灌田千五百亩。

竹筒泉、兴隆泉并在乐兴场东马牧河南岸，一灌田千二百亩，一灌田数百亩。黑龙泉在场西南岸，灌田数百亩。

泉水堰在乐兴场西五里朝阳庵北马牧河心灌田百八十亩。熊家泉在朝阳庵南香水寺后，灌田三百余亩。

玉皇泉在乐兴场西三里玉皇观侧，灌田二百余亩。西一里有龙窝泉，灌田三百余亩。

石母泉在乐兴场北马牧河北岸大路侧，灌田数百亩。

白梁泉在小石河新开水沟一道下流，灌田六百余亩。

观音泉在敖场东南四里观音寺，又东南二里近小石河有麻柳泉，西一里有九龙泉，各灌田千余亩。麻柳泉水尤盛。

穆家泉在敖场南二里紫微寺前。寺后有腰子泉、大泉塘、包包泉各灌田二百余亩。寺侧有夜合泉，灌田百余亩。

五珠泉在敖场东百余武，有泉五口，广各半亩余灌田千余亩，近北有上中下三泉寺，三泉各灌田数百亩。

白马泉在敖场东北二里，阔半亩水源清畅四时不竭，场东少北五里又有七星泉，各灌彭什两邑田千余亩。文家泉在场东七里，近凤鹤楼，灌两邑田三百余亩。

王家泉在敖场北少东五里，近何公庙，有泉四口，流为二沟，灌田六百余亩。

观音泉白鹤泉俱在敖场北三里，一灌田二百余亩，一灌田五百余亩。

清浊泉在敖场北四里，二泉相接，一清一浊，灌田五百余亩。

龙马泉在敖场北五里，又名夜泉。阔二亩余，灌田千余亩。

星宿泉近楠木场北，灌田三百余亩，下有姚家泉，灌田二百余亩。

桐麻泉在楠木场东北二里余，地名石缸林，灌田百余亩。

质刀泉距桐麻泉半里，灌田数百亩。

三星泉在楠木场东里许，灌田六百余亩。

樊家泉在楠木场东虾子堰河心，灌田二百亩。

半脚井泉在楠木场东四里，灌田数百亩。

棬子泉在楠木场西北三里，灌田百亩。

杨柳泉在棬子泉西北一里，灌田二百亩。

大泉在棬子泉北一里，灌田三百余亩。

盈科泉在鸭子河南叶坝庙南，距楠木场八里。翻山堰泉在叶坝庙东北。

文家泉近化成院西，在寺后，灌田四百余亩。大泉、新泉在院西一里王家碾，共灌田五百余亩。

井泉堰在大泉下里许，直院北马牧河南岸，泉坎三口，灌田八百余亩。东岳泉、贺家泉俱近院北，各灌田二百余亩。

阴沟泉在院北三里，马牧河心，流里许方出引灌田亩。

梅子泉、矮子井俱在院东北里许刘家巷，一灌田二百余亩，一灌田百余亩。梅子泉余水灌数百亩。

涌泉近化成院东灌田百余亩，又有沈家泉、阴泉俱在寺前。

响水洞在院东南三里，其泉县出相应，数十步灌田约千亩。尹家泉在响泉下一里，灌田五百余亩。

半偏泉、小泉、筲箕泉俱在院南里许，灌田数百亩。河泉在院南三里。小濛河内有泉四眼，引灌沙地四百余亩。

七星泉在阴沟东兴隆庵南马牧河内有泉七眼，引灌南岸阳兴堰田一千余亩，相近有王家泉，灌田百亩。

董家泉在利安场北濛阳河内，泉二口，合灌岸北董家堰田三百余亩。

汪家泉、薛家泉俱在董家泉东五里濛阳河内，引灌南岸汪家堰田四百余亩。

三义泉在利安场西北六里，灌田八百余亩。十合泉在三义下二里，约灌田五百亩。三圣泉近场西，灌田二百余亩。

双泉在利安场东南二里，灌田百余亩，相近朱家井同。

方泉在场东南五里骆家坝，灌田三百余亩。唐家庵新泉同。

乌鱼泉在县北少西五里杜家林，灌田四百亩。东南一里有菩提泉，灌田五百亩。西南双石桥王家泉灌田三百亩。

大寂光泉在县北六里寂光寺前。小寂光泉在寺后。熊家泉在寺南一里，各灌田五百亩。

大堰塘在县西北八里凉水井大路东，灌田三百余亩。

罗家井在凉水井西南一里，灌田百余亩。

观音泉在县西北三里，灌田三百余亩。桂花井在观音泉西北二里，灌田百余亩。

乌龟泉在县西四里，灌田三百亩。

檀木泉在县西少北五里，灌田三百亩。冷家窝泉在檀木泉西李家巷，灌田八百亩。

白马泉在檀木泉北里余，灌田三百亩。岳家大泉在白马泉北三里，灌田四百亩。

238

连河泉在岳家泉西北卧牛堰下入梁子堰，灌田五百余亩，下有大流堰、小流堰泉，灌田四百亩。再下有李子堰泉，灌田三百亩。

海龙泉在连河泉西，可转碾灌田三百余亩。石岩泉在海龙泉西南石佛寺后，灌田二百余亩。又南黄鹤泉灌田同。

七星泉在石佛寺北二里麻柳河之七星桥北，灌田四百亩。南有九龙、恩义二泉合流入二义沟，灌田八百余亩。

二龙泉在七星泉西北二龙桥。

小凉水井在二龙泉西北，距县西北十二里，灌田二百亩。

涌泉一在黄鹤寺北，一在寺前，距小凉水井西南三里，灌田各三百亩。

钟坝在小凉水井之北三里，有古井一口，下有石隧，深不可测，灌田二百五十亩。冷家泉在钟坝之西，灌田二百余亩。席家林泉在钟坝东南，灌田二百五十亩。

张家泉在废青龙场东，距冷家泉西北三里，灌田三百余亩。三眼泉在青白江东岸河中，南距张家泉二里，灌田八百余亩。

连泉在弓家林以北，上下凡五泉，其水入两赵家堰，南距三眼泉里余。

茶园子在席家林之东，其东有瓦窑坪泉，灌田二百亩。西有古井一口，其水流归新润河二里入卧牛堰岳家堰中堰，共灌田八百余亩。

《彭县志》（1989版）有关地下水的记载

地下水

彭县平原区孔隙水补给充沛，天然地下水资源丰富，山地区除部分低山富水性不均，其余山区较富水。尤以碳酸盐岩裂隙溶洞水段富水程度高，是彭县水资源又一重要类型。

全县地下水水量为3.97亿立方米/年。

1. 平原区地下水：湔江冲积扇上，人民渠管理处将其划分为三种类型。

径流型（潜水埋深带）：人民渠左岸冲积扇前缘，高程610—740米，地面坡度13，地下水埋藏深度13米，含水层厚度10米或10米以下。1972年3月，东方瓷厂于地面高程725.34米处打机井一口，深36.37米，枯水季节地下水位在17.78米以下。

过渡型（潜水溢出带）：人民渠右岸，高程在520米之间，地面坡降5.5，地下水埋深1米，含水层厚10米，平均13.4米。一些地方溢出形成自流泉。

渗入蒸发型：地面高程在520米以下，地面坡度平均4以下，地下水埋深1米，含水层厚度11米。

以上地下水，民间挖掘引用，叫阴沟、泉㲃，分布在全县19个乡，计591处，总出水量14.7立方米/秒。其中湔江灌区272处，出水量

3.4立方米/秒。人民渠灌区319处，出水量11.3立方米/秒。

平原区水质类型以HCO3型水为主。矿化度0.15克/升，水温10℃。

2. 低山区地下水：低山区地下水较贫乏，但侏罗系、白垩系等地层中之砂岩、砾岩在宽缓沟谷、断裂带和背斜、向斜轴部附近有利地段，富水程度较好，赋存裂隙孔隙水，水位埋深一般高于含水层顶板，钻孔深度40米较宜，抽水降深15米。个别钻孔出水量可达300吨/日。位于地形低缓处的构造挤压破碎带或褶曲轴部，钻孔深度在150米左右。抽水出水量200吨/日左右。有的地方如三昧水等地，也可由地表渗出，水质优良。桂花场20号孔出水量111.46吨/日，水质类型同平原区，矿化度0.13度/升，水温10℃。

3. 中山区地下水：三叠系须家河组地层，在砂岩层厚并比较稳定，裂隙比较发育，或构造破碎带及地形低缓部位，往往具有层间裂隙承压水，地下水较丰富。据已有钻孔资料，一般孔深100米，抽水出水量50吨/日，富水不均一，个别钻孔，如通济北3号孔，自流量达162吨/日。地表出露砂岩裂隙泉水，枯期流量一般为0.1升/秒。二迭系、泥盆系上统石灰岩出露地带，岩溶发育，常有大泉、暗河分布。如大鱼洞暗河流量为200升/秒，小鱼洞达10017升/秒。水质类型为IICO3、HCO3g型，矿化度0.12克/升，水温10℃。

4. 高山区地下水：该区以基岩裂隙水为主，多以泉的形式排泄。由于排泄条件受地貌、地层、构造等因素制约，赋存与排泄很不均匀。近年来，发现一些矿泉水，质优、量足。如九峰山响水洞的低钠碳酸盐矿泉水，经成都市有关科研单位鉴定为优质饮用水。

此外，涝水0.93亿立方米/年。境内水资源总量为18.98亿立方米/年。

银锭埝

银锭埝位于升平镇，石佛寺周边的农田，基本上用银锭埝的泉水。前人为保护好这个好不容易找到的水源，沿途有暗渠、明渠，每年修埝的规矩保持不变，还有埝首具体负责修埝事宜。埝首负责农田用水的事宜。他定时巡查沿途渠道有没有堵塞，计算下半年需要多少人工，再按照各家各户灌溉面积需要出多少人工来修埝。到了下半年农闲时节，便通知用水的各家各户出人，带上锄头、钉耙、箢篼，到指定的农家住下来。

泉水引出后，一部分是暗渠，一部分是明渠。暗渠是用圆石卷拱修的。一里有个渠眼，是每年修埝用的。修埝的人拿着锄头、箢篼，弯腰进去将堵塞的小石子、泥土拉到渠眼的地方，由上面的人用绳子拉上来，倒在旁边，再把箢篼丢下去，继续挖堵塞的石头、泥土，直到挖完才算完工。

每年各家各户用水也有一个有趣的规定。到了用水的时节，埝首在这里点上一支香。这炷香有长有短，是按照农户农田多少定的。若是香燃完了，便会在进水的地方撒上谷壳，告诉农户水不能再用了。农户便很快抽掉木板，或者挖掉断水的石头，让下面用水的农户用水。

也有一些农户认为自己的农田还要用水，便继续用水，有的还用其他方法偷水。埝首在巡查时发现后，便在偷水的地方留下记号。当天傍晚时分，应该用水的农户在埝首的组织下，敲锣打鼓到了偷水的农户，挖掉田坎放水，然后扬长而去。这种做法，是埝首每年都要告诉大家的，若是出现挖田坎放水，表示这家农户不懂用水的规矩，应该得到这样的惩罚。

王家堰

王家堰在马牧河边，谢家院子里边，四周被一片慈竹林围绕着。

当地人介绍，这王家堰是以前下游的一户姓王的大户人家在此挖成的，是为了解决南边上百亩稻田的灌溉。每年到冬季岁修的时候，都是下游王家派人来淘清堰头。有时因为天旱，就花力气往下挖，结果越挖越深，现在已经有三四米深了。如果水小，出不了堰口，下游王家的人还在这里架起水车提水。

《军乐乡志》有载："其中单靠车水的田占半数以上。车水工具主要是牛车、足车和手车。车的长度一般是三至四丈，只有人力手车长度一丈左右。车型多样，如冒龙车、槽车、龙骨车。车水全靠人力和牛力去完成。"

人力车水相当辛苦，遇到天旱年成，前前后后要车水七八十个昼夜。这个时段，农民全家老幼都要轮班劳动，直到薅完第二道秧子。当地流传着一首这样的"车水谣"：

> 有女莫嫁小堰田，嫁到小堰田，裤儿磨烂完。白天要车水，晚上要纺棉。遇到老天干，铺盖裤儿要车完。养儿要打单身汉，养女出嫁没陪奁。

到人民渠建成以后，湔江下游缺水的情况得到缓解，岁修的时候就少了。现在这个泉眼还灌溉着下游大片土地。现在灌溉已经不是主要功能，清幽的林盘已经逐渐成为人们散步消暑的好去处。

分水溪

桂花镇有一条溪流发源于与磁峰向峨相邻的分水岭，在桂花场下场与土溪河交汇，此溪中游有罗汉洞水库，于是将此溪流称为罗汉溪，罗汉洞水库以上近分水岭，则称为"分水溪"。

在新中国成立后建成罗汉洞水库以前，山崖边有一石洞，深广可容数百人。洞里原有天生罗汉像，故名罗汉洞。洞外原有明嘉靖三十五年德阳王府建的石牌坊，上书"全蜀首景"。以前，出家人以洞为寺庵，新中国成立初尚有两个比丘尼在。清代崇宁县名士蔡时豫和蔡曾源都有题诗。

溯溪而上，逐渐清幽。两岸树木慈竹葱茏，荫天蔽日，脚下溪流清澈见底，可见青蛙、螃蟹和小鱼。河中白石在水中显得晶莹剔透，一块一块散落四处，像漫天繁星。溪流冲刷着石上菖蒲的细叶，一摇一动，有出尘之意。鸟鸣蝶飞，溪流缓缓，树影婆娑，不论是雨后还是烈日下，分水溪边树阴下步行都是一种美好的享受。

沿着清溪走到尽头，是一片竹林。时见细水涓滴从山崖上滴落，也有地方清泉从地下汩汩冒出，把白沙细石冲得直动。这样大量的细流汇聚于竹林边，流向外边，逐渐吸收四周山泉壮大起来。

竹林外一栋青瓦建筑，是为"猎枪会纪念馆"。新中国成立前这里活动着一支以猎枪会为名的共产党地下组织——岷江纵队的支队。纪念馆展示了大量这些年收集到的各种与岷江纵队有关的红色档案文物，并附以大量图片和文字说明，介绍桂花山区地下党的历史和业绩。现在，猎枪会纪念馆已经成为彭州市重要的红色旅游景点。

在1943年前后，灌县（今都江堰）向峨地下党支部派支部委员李福高到丰乐桂花地区建立地下武装。李福高找到周正发，并介绍给党组织。周正发在桂花乡以欧家山、分水岭、罗圈湾为活动基地，逐步组织起一支20来人的地下党组织，直属川康边区人民游击队。

此后，这支岷江纵队的支队受向峨煤矿支部领导，秘密在分水岭山区活动，以猎枪会为掩护，为推动本地解放做了大量工作。他们中有几位如周正发等，后来走上领导岗位，也有几位纵队成员在新中国成立初剿匪的过程中牺牲。

后　记

　　历时两年，《彭州泉水》终于要和大家见面了。欣喜之余，也向为本书供稿的高光俊、杨本民、江忠俊、庄永红、邓启君、刘富康、侯明生、刘光元、熊荣禄等老师，以及提供资料的水务局、各镇（街道）等表示衷心的感谢。

　　《彭州泉水》是市地志办积极配合全市绿道建设，挖掘泉水文化，提升泉水绿道的文化内涵而编写的。自古以来，彭州泉眼众多，在嘉庆、光绪年间编写的《彭县志》上多有记载。据不完全统计，彭州现有可见泉眼三百余处。近年来，随着城市化进程的加快，生态环境发生变化，许多泉眼已经干涸甚至消失，但许多有趣的泉水故事还在老百姓中口耳相传，源远流长。我们乘此机会，邀请部分学识渊博的老师，专门到乡间地头进行采访，收集了大量素材，并对流传下来的有关泉水的传说故事、风俗风物进行整理汇总，编成了这本《彭州泉水》，以飨读者。

　　《彭州泉水》收录泉水故事七十余个，泉水风物若干篇，填补了彭州市泉水文化研究的空白。彭州泉水文化底蕴深厚，民间流传的故事众多，泉水利用的历史更是久远，本书仅仅收集整理了其中的一部分。出版本书意在抛砖引玉，希望能够激发民间研究彭州泉水文化的热情，同时为彭州市历史文化名城建设和泉水绿道建设添砖加瓦。

　　由于时间仓促、水平有限，疏漏之处在所难免，敬请各位读者斧正。